2019 年 10 月 25 日上午，在云浮市云安区举行陈璘文化交流会开幕式

云浮市委常委、宣传部部长郭亦乐在陈璘文化交流会上致辞

广东省珠江文化研究会会长、广州大学教授王元林致辞

韩国莞岛郡副郡守郑锡昊向云浮市云安区赠送了莞岛郡陈都督碑文、陈璘出兵轨迹地图等

云浮市云安区委副书记吴维力向韩国莞岛郡回赠《中韩陈璘文化交流画册》

云浮市云安区委常委、宣传部部长岑晓玲在主持陈璘文化交流会开幕式

2019 年 10 月 25 日下午，在云浮市云安区举行云浮名人陈璘历史评价与精神文化研讨会

2019 年 10 月 25 日，与会专家学者在龙崖陈公祠露梁海战展示馆前合照

2019 年 10 月 25 日，与会专家学者在陈璘史迹展览馆前合照

2019年10月25日，与会专家参观陈璘史迹展览馆、龙崖陈公祠露梁海战展示馆

2019 年 10 月 25 日，与会领导和嘉宾在云浮市云安区人民政府大楼前合照

龙崖陈公祠前竖立的陈璘战功碑

抗倭名将陈璘

KANG WO MING JIANG CHEN LIN

云浮名人陈璘文化交流会论文集

YUN FU MING REN CHEN LIN WEN HUA JIAO LIU HUI LUN WEN JI

广东省珠江文化研究会
中共云浮市云安区委宣传部
云浮市云安区社会科学联合会
组编

廣東旅游出版社
GUANGDONG TRAVEL & TOURISM PRESS
悦读书·悦旅行·悦享人生
中国·广州

图书在版编目（CIP）数据

抗倭名将陈璘 ：云浮名人陈璘文化交流会论文集 /广东省珠江文化研究会，中共云浮市云安区委宣传部，云浮市云安区社会科学联合会组编．— 广州 ：广东旅游出版社，2023.7

ISBN 978-7-5570-2819-0

Ⅰ．①抗… Ⅱ．①广… ②中… ③云… Ⅲ．①陈璘（1532-1607）—人物研究—文集 Ⅳ．①K827=48

中国版本图书馆CIP数据核字（2022）第135758号

出 版 人：刘志松
责任编辑：彭　超　于洁泳
装帧设计：谢晓丹
责任校对：李瑞苑
责任技编：冼志良

抗倭名将陈璘：云浮名人陈璘文化交流会论文集

KANG WO MING JIANG CHEN LIN：YUN FU MING REN CHEN LIN WEN HUA JIAO LIU HUI LUN WEN JI

广东旅游出版社出版发行

（广东省广州市荔湾区沙面北街71号首、二层）

邮　　编：510130
电　　话：020-87347732（总编室）　020-87348887（销售热线）
投稿邮箱：2026542779@qq.com
印　　刷：广州市岭美文化科技有限公司
地　　址：广州市荔湾区花地大道南海南工商贸易区A幢
开　　本：787毫米×1092毫米　1/16
字　　数：150千字
印　　张：10.75
版　　次：2023年7月第1版
印　　次：2023年7月第1次
定　　价：68.00元

编委会

顾　问：王元林

主　任：岑晓玲

副主任：周永卫

主　编：岑晓玲

副主编：冯友强　卓超明　叶翠华

编　委：李燕捷　胡　碟　冯燕芳　曾乐祥

目 录 CONTENTS

陈璘是地道的广东人，是明代抗倭名将，战功卓著，影响很大。据《明史·陈璘传》和《东安县志·太保陈龙崖公传》等史籍记载，陈璘，字朝爵，号龙崖，明嘉靖二十二年（1543年）出生于广东翁源县周陂龙田村，东安县设立后，落籍东安县（今广东省云浮市云城区、云安区），万历三十五年（1607年）五月八日去世，葬于云安区六都镇莲花山。陈璘的一生有许多光辉节点，每个节点都具有历史意义，在当今时代也都具有现实意义。

在云浮名人陈璘文化交流会的致辞

郭亦乐

（中共云浮市委常委、宣传部部长）

各位嘉宾，各位专家学者，朋友们：

“有朋自远方来，不亦乐乎！”今天，中韩两国的朋友们相聚云浮，参加“云浮名人陈璘文化交流会”。这次会议是深入研究陈璘文化的一次盛会。在此，我谨对此次会议的召开，表示热烈的祝贺；对朋友们的到来，表示诚挚的欢迎！

400多年前，陈璘南征北战，在韶关、湖广、四川、贵州、南澳，乃至朝鲜（今韩国）留下赫赫功绩，也架起了中韩之间友好往来的桥梁。平定两广匪患，落籍云安；夺取露梁大捷，奠定东亚百年和平格局；平定播州叛乱，促进西南稳定发展。三大功绩奠定了陈璘在明朝乃至中国历史上的英雄地位。在云安，保留至今的历史遗迹、流传百年的佳话传说等形成了今天独特的陈璘文化。

陈璘文化，一头牵着历史，一头连着现实。2014年，习近平总书记在韩国首尔大学做演讲时提到：“400多年前，朝鲜半岛爆发壬辰倭乱，两国军民同仇敌忾、并肩作战。明朝邓子龙将军和朝鲜王朝李舜臣将军在露梁海战中双双殉职，明军统帅陈璘今天还有后人生活在韩国。”这段尘封的岁月，经习近平总书记揭开，从历史深处走来，融通古今、连接中韩。今天深入研究陈璘历史评价与精神文化，旨在把跨越时空、超越国度、富有永恒魅力、具有当代价值的优秀文化精神开发出来、弘扬开来。

近年来，云浮市认真落实省委“1+1+9”工作部署，深入贯彻市委六届六次全会精神，坚持“以江为道、东进融湾”，立足于规划为先、互通为基、载体为要、节会为媒，着力发挥陈璘文化在打造“六地”中的重要作用。正确对待、科学开发名人陈璘的历史文化和现实文化，是我们必须把握好的一个重大课题。我认为，应该重点把握以下三个方面。

第一，加强顶层设计，做好“保障 +”工作。提高陈璘文化的影响力，讲好陈璘故事是一项涉及面广的系统工程。为此，云浮市牢牢把握“创造性转化、创新性发展”的方针，组织实施陈璘名人文化传承创新工程，积极向上争取政策、资金、技术支持，并在政策、资金、人才等方面给予其更多关注和倾斜，统筹走出去和请进来，力促将现有的省级非遗项目“陈璘传说”申报成为国家级非遗项目。

第二，创新思维模式，做好“文化 +”开发。“互联网 +”时代的到来，促使文化开发利用也必须紧跟时代潮流，转变理念，创新思维，创建“文化 +”的模式，给文化开发利用注入新的活力。为此，云浮市将着力推进“文化 + 旅游”融合，开发一批以“陈璘文化古驿道”为代表的文化精品旅游线路；推进“文化 + 科技”，拓宽数字文化产业的边界，探索开发立体式、全景式、延伸式的文娱参观体验项目；推进“文化 + 产品”，创造一批关于陈璘的文艺精品力作，研发一批优秀的文创产品，以辩证的思维和眼光扬弃继承、转化创新，不断赋予其新的时代内涵和现代表现形式，让名人陈璘及其文化“活”起来。

第三，联动两翼发展，做好“支点 +”支撑。“大鹏之动，非一羽之轻也；骐骥之速，非一足之力也。”陈璘文化要开发好、传承好，仅靠政府主导，独木难支，必须构筑于“两翼并举”的支撑大格局。为此，云浮加大力度激活社会资本、激发人力资源，确保实现众多主体由自发到自觉的转变，由零星分散到系统协同集成的转变，力促陈璘文化繁荣赓续。社会大资本齐头并进。云浮鼓励以民间公益文化基金等为代表的多元社会资本主体参与进来，最大限度撬动社会资金、人员力量参与陈璘文化的开发建设，文化代言人独树一帜。聘请高水平的作家、学者参与陈璘文化的“讲”和“演”；拓宽传承人范围，在确定传承人名录的基础上通过提供相应的物质保障、资金扶持、宣传推广等，调动传承人传帮带的积极性和主动性，让非遗传承人成为光荣的职业，成为光荣的标签。

各位嘉宾、专家学者、朋友们，独行快，众行远。现在，陈璘文化已是云浮的“文化名片”；未来，将是广东甚至中国的“文化名片”。让我们集中于这一目标，集思广益、群策群力，不断扩大利益的汇合点，共同谱写陈璘文化开发保护的新篇章！

预祝“云浮名人陈璘文化交流会”圆满成功！

谢谢！

2019 年 10 月 25 日

陈璘文化的历史和当代意义

黄伟宗

（广东省珠江文化研究会创会会长、中山大学中文系教授）

我们广东省珠江文化研究会一直注重弘扬陈璘文化。早在二十一世纪开启的第十年，我们的时任副会长、中山大学著名考古学家，已故的张镇洪教授代表我会，在云安创建了陈璘史迹展览馆；2015 年 11 月 15 日，在庆祝我会成立 15 周年举行的学术成果汇报展上，特地将云安陈璘文化研究会列入授书单位之一，由时任广东省委常委兼常务副省长徐少华同志授书；在汇报会结束以后，我会一直与云安区有关部门密切联系，沟通合作事宜。现在终于举行这个会了，这是要特别感谢云安区委区政府、区委宣传部区文广旅体局的。

我们为什么如此执着研究弘扬陈璘文化呢？因为陈璘是地道的广东人，是明代抗倭名将，战功卓著，影响很大。据《明史·陈璘传》和《东安县志·太保陈龙崖公传》等史籍记载，陈璘，字朝爵，号龙崖，明嘉靖二十二年（1543 年）出生于广东翁源县周陂龙田村，东安县设立后，落籍东安县（今广东省云浮市云城区、云安区），万历三十五年（1607 年）五月八日去世，葬于云安区六都镇莲花山。陈璘的一生有许多光辉节点，每个节点都具有历史意义，在当今时代也都具有现实意义。而且，这些光辉节点，在总体上已构成一种文化现象，其内涵的丰富文化元素，也是具有重大的历史和当代意义的光辉亮点，尤其是其创造的功绩所提供的历史经验和启示，具有体现或代表一些被忽视的珠江文化特质或元素的意义，更当格外关注。这些节点和亮点主要是：

一、海洋文化中邻国共抗侵略与传统友谊的历史经验和启示

2014 年 7 月初，中国国家主席习近平访问韩国时，在首尔大学发表的演讲中专门谈到“400 多年前，朝鲜半岛爆发壬辰倭乱，两国军民同仇敌忾、并肩作战”，还特地指出“明军统帅陈璘今天还有后人生活在韩国”。这个重大消息，当即在世界上，尤其是在中国与朝鲜半岛引起强烈反响。

习近平主席所说的这次重大历史事件，发生在四百多年前我国明朝万历年间。当时日本统治者丰臣秀吉掌握海上霸权，猖狂对外扩张，对我国及沿海诸国大肆骚扰。1592 年，日本发动侵略朝鲜战争，近 20 万日军在釜山登陆，分三路进攻汉城（现首尔），朝鲜面临亡国危险。朝鲜国王被迫退到中朝边境的新义州，多次请求明朝出兵援救。明朝当时亦受到日本侵犯威胁，与朝鲜唇齿相依，便决定派出援军赴朝鲜，共同抗倭。这支援军中的海军主力，是陈璘率领的广东水兵。陈璘于万历二十五年（1597 年）赴朝鲜参战。1598 年 8 月，丰臣秀吉病死，遗命从朝鲜撤军，时任明朝水师提督的陈璘，最先获悉日军撤退的情报，决定在露梁以西海域阻击日军。1598 年 11 月 19 日，陈璘率明军主力与朝鲜水师名将李舜臣联合夹击，焚毁日军大部分战船，给侵朝日军以歼灭性打击，取得这场海战的辉煌胜利。

习近平主席所说“陈璘今天还有后人生活在韩国”的历史真相是：陈璘胜利回国后，朝鲜国王向明朝皇帝专为陈璘请功。明朝亡后，清朝实施剿灭前朝旧臣后裔政策，陈璘之孙陈诏（字泳溱），为躲避清朝廷追剿，率领家族部分成员从南京出发东渡黄海，到达陈璘抗倭故地——朝鲜王朝古今岛（该岛是当年陈璘设立水师都督府的地方），在设有陈璘塑像的玉泉寺附近村庄，定居下来，一直受到朝鲜朝野维护，繁衍后代。

根据韩国广东陈氏族谱的记载，陈璘后裔陈凤仪等 3 人在汉城参加朝鲜王朝为此特别设立的武科考试，并被授予官职。直至 2013 年 12 月，陈璘第 14 代曾孙、韩国广东陈氏宗亲会会长陈邦植还回乡祭祖，可见陈璘留在韩国的后代仍与故乡交流不断，血脉长流，结下传统亲谊。

从这两件历史真相可见，陈璘率领的广东水师，是中国最早的出国支援邻国的海军，是与邻国在海上共抗侵略并取得伟大胜利的首创者，具有在海洋文化中开创邻国共抗侵略的历史意义，值得特别重视。因为在学术界的观念中，对于海洋文化，一般偏重理解为只是海上的和平交往与经贸往来，忽视其中有国际之间的利害冲突，尤其是发展为侵略与反侵略的军事冲突的一面。陈璘当年在朝海战大捷的重大意义，就在于揭开了海洋文化这一方面的本质和历史，取得了具有千古意义的历史经验。20 世纪 50 年代初的抗美援朝战争，实际上就是海洋文化这方面本质和历史的再现。所以，陈璘的这场赴朝抗倭海战，是很有历史和当代意义的。

从这两件历史真相还可以看到，陈璘和他的后代，是中朝人民传统友谊的开拓者和坚守者，其经历四百余年、持续 14 代的历程和历史经验，是海洋文化中邻国之间睦邻友好、同舟共济关系另一方面的体现。所以，可以说陈璘文化是将海洋文化的两个方面特质和历史都同有体现的一种文化。

值得特别重视的是，习近平主席是在 2014 年 7 月首次访问韩国时，将陈璘在历史上援朝抗倭与当今仍有陈璘后人留在韩国生活这两件事并列提出来的，这就意味着是在当今世界形势下，尤其是在中韩两国的关系上，需要重申并弘扬这两件历史真相所体现的海洋文化两个方面的特质和光辉历史，即陈璘文化所内含的共同反侵略和传统友谊的海洋文化历史经验和精神。通过习近平主席这次访韩的“邻居加朋友的战略互信旅程”，中韩两国建立了战略伙伴关系，并且在习近平主席提出建设“一带一路”之初，韩国就成为首批参与合作的国家之一，这正是习近平主席重申陈璘这两个光辉历史经验和精神的成功体现，也即是把握海洋文化两个方面特质的成功体现。

从珠江文化的视角来看，陈璘率领广东水师赴朝抗倭并取得辉煌胜利事件，正是历来不受注重之海洋文化特质，尤其是海洋军事文化的优势方面得以充分展现之实例。当时陈璘率领的广东水兵有5000名，战船500余艘，是赴朝参战的水师主力。这在当时是一支不小的海上武装力量，而且还可能是全国最强的地方海上水师力量，否则，为什么不派邻近朝鲜的渤海、东海的水师，而远派南海陈璘率领广东水师呢？可见当时的广东有较强的海上武装的军事观念和实力。这种观念和实力，正是具有特强的海洋文化邻国共反侵略的特质和实力的体现；而这种特强的特质和实力，又是与明代广东具有特强的海洋经济文化的特质与实力成正比并相互辉映的。蜚声世界的中国征服海洋的壮举——郑和七下西洋，都经广东南海海域出洋，并且第二次是从广东港口出发（史书未载具体港口）；前些年在粤东海域出水的“南澳1号”，以及最近在粤西吴川海域发现的古沉船，都满载着明代海上丝路的瓷器，即是这方面特强海洋经济文化特质和实力的体现；这些辉煌的历史和实绩，正是陈璘率领的广东水师所体现的广东海上武装的军事观念和实力的经济文化基础，并且互成正比、相互辉映之佐证。显然，陈璘文化所体现和代表的这种文化现象，在历史和当今时代都是具有重大意义的。

二、海洋文化中的海战与海防的历史经验和启示

在陈璘率兵抗倭援朝参战的过程中，最值得称道而深有意义的是露梁海战。这场海战，是陈璘亲自策划和指挥的，是一场以切断敌人海上退路为战略的大规模海上歼灭战，在海战史上，被列为世界古代八大海

战之一。这次海战给侵朝日军歼灭性打击之后，日本倭寇不敢再骚扰中国，朝鲜亦得复国，对战后朝鲜 300 年和平局面的形成起到了决定性作用。此后直到明治维新，日本不敢觊觎朝鲜半岛，奉中国为上邦。可见这场海战大捷影响之深远，亦可从中见到海战在海洋文化中所具有的重大战略地位和历史意义。这是陈璘光辉节点和创造的重大历史经验之一，也是陈璘文化的重大要素和亮点之一。

可惜的是这个重大历史经验和要素亮点，自清代以后未受到应有的重视与承传，致使在清代中日甲午海战中，中国海军受到全军覆灭的惨败，同时又使中国遭受百余年的屈辱史的沉痛教训。正可谓日本对在露梁海战战败的历史报复。自 1949 年中华人民共和国成立后至今，中华民族从此站起来、富起来、强起来了。但是，在这 70 年的过程中，日本帝国主义和美帝国主义势力，始终是不改向外扩张的侵略本性的，他们尤其注重海洋霸权，在军事、经济、文化、交通、资源、开发、海岛等全面称王称霸。自第二次世界大战结束后，从侵朝战争到最近的中美贸易战，美国都一直利用其海上霸权，反复向沿海诸国，尤其是矛头针对中国挑衅，屡屡制造事件，挑动海战，如侵朝战争伊始，即派第七舰队进驻台湾海峡，派兵从海上至仁川登陆，制造钓鱼岛争端，多次派军舰进军南海，等等，都是其妄图从海上包围中国、遏制中国发展的阴谋伎俩，都体现出其妄图挑起海战打败中国的狼子野心。所以，我们一定要牢记甲午海战的历史教训，承传弘扬陈璘当年露梁海战大捷的历史经验和胜利精神，持续不懈地强化海战意识和实力。

陈璘当年取得如此辉煌的海战胜利，是与他一贯注重海防建设的观念和一直亲身进行海防建设的经历分不开的。海战是海防的检验，海防是海战的基础。陈璘在赴朝参战前，曾于万历二十一年（1593 年）正月，又被命统领蓟镇、辽阳、保定、山东各军去抵抗倭寇、保卫海防，被钦命为南澳镇副总兵，越载二月离任。当时朝廷准备和日本和谈，于是陈璘被派去协助防守漳州、潮州。万历二十六年（1598 年），陈璘升任御倭总兵官，跟麻贵、刘綎一起统帅部队，驻扎在山海关。不久他受命提督水军，跟麻贵、刘綎以及董一元分路前进，领士兵一万三千多人，战舰数百艘，分布在忠清、全罗、庆尚各海口，成功震慑倭寇，使其不敢海上行军。这些经历，说明陈璘虽然经受曲折坎坷，但始终对坚守海防的信念坚贞不渝，甚至遭受误解或蒙冤（陈璘贿赂兵部尚书石星被石星揭发之事可疑）也在所不辞，这是很值得称道的精神和历史经验。尤其可贵的是，万历二十一年（1593 年），陈璘任广东南澳镇副总兵，在任期间，不仅严风肃纪，强军守备，还带头绿化海岛，改善生态环境，长期备战，更增强守防军力。这项举措还刻录在当年竖立的南澳岛碑上。此碑位于南澳天后宫门口，迄今保护完好，碑呈长方形，高 2.25 米，阔 0.96 米，刻文较长，达 755 字，标题为“南澳山种树记”六大字。应当说这是陈璘在海洋文化的海防建设上的又一创举，不仅具有重大历史意义，对于当今的海防和生态建设也具有现实意义。

三、民族文化与地方文化中对撞交融及从乱而治的历史经验和启示

纵观中华民族数千年历史，主要有三部历史。

第一部：从民族学上说，是民族之间反复对撞交融的历史。从轩辕黄帝与神农炎帝由涿鹿大战的融合而开创的华夏族之后，几乎每个历史时期或每个朝代，都是因民族之间的对撞融合而更替，或者是都具有民族之间的对撞融合之重大历史事件的。这种对撞交融的更替现象和事件，大都是通过战争或以和平手段，取得两种结果，一是在对撞中融合，二是在融合中又分裂而再对撞。例如，在原始时期，炎黄二帝从对撞而交

融为华夏族后，又出现了蚩尤的对抗，经黄帝镇压下去，逃至南方，直至贵州，变成了苗族，此后在各个朝代都有其与华夏族演变的汉族对撞交融的事件。尧、舜先后接黄帝位后，都时有与苗族对撞交融的事件发生。据中国最早的史书《尚书》记载，舜接尧位后，继续驱赶苗族至西北边疆，同时又收抚南方“交趾”——当时开发南方的百越族，由此，既持续与蚩尤后裔苗族的对撞，又开始了与南方百越族的融合。秦始皇统一中国后，建长城抵御匈奴，派五十万大军南征百越；汉武帝派班超通西域，又派大军灭南越国，在广信（今封开、梧州）建交趾部统岭南九郡；晋代因民族抗争而分东西晋，又再分南北朝；南北朝也因民族之争而分别改朝换代；宋代因民族纷争造成北南两宋，随后被元朝所灭取代；此后明清两朝的更替，也都在于民族之间对撞交融、历史规律的演变更替。至于在历史上，尤其在地方历史上的民族纷争事件的评价，也应当从具体历史条件出发，从这总体规律上分析其功过是非，其事件如此，对事件的主政者和主事者也当如此。

第二部：从政治学上说，是以农民起义促使改朝换代的历史。从秦朝陈胜、吴广到明朝的李自成、张献忠，大都是因农民起义而促使当朝政权的灭亡。值得注意的是，每次农民起义的结局，都必然是“成则为王，败则为寇”，即成功者做皇帝，如汉高祖刘邦、明太祖朱元璋等，在正史中，已经占了清朝半壁江山的太平天国皇帝洪秀全，最后是国灭人丧的结局，也只能称其为“匪”或“寇”了。应当看到，过去社会所称之“匪”或“寇”，大都是像《水浒传》所写的梁山泊好汉那样，是“官逼民反，不得不反”造成的。对这些起义或造反失败的“匪”“寇”，应当具体分析，对于将这些失败者镇压下去的事件和主政者或主事者，也应当从其历史条件和历史效果而论析其得失功过。这才是历史唯物主义和辩证唯物主义的科学态度。

第三部：从社会学上说，是各种社会与地方势力兴风作浪从乱而治的历史。从总体看来，几乎每个朝代或地方，都发生过社会动乱：大至祸国殃民的氏族或地方争权夺利的战争，如晋代“八王之乱”，唐代“安史之乱”，民国初年的军阀混战等所制造的动乱；小至破坏社会稳定、扰乱社会治安的骚乱，包括邪教道门、土匪盗贼、兵痞恶霸等所制造的骚乱。历代主政当局对这些动乱或骚乱，采取武装镇压或其他措施将其解决，使社会从动乱转危为安，恢复社会稳定，促进社会发展。如此从乱而治，治后又乱，循环反复，形成了一种社会发展规律，也构成一部中国社会发展历史。在这历史中，代表主政当局的主事者，其解决动乱骚乱、使社会从乱而治之功，无疑是应予肯定的。

纵观陈璘戎马一生的经历，完全应当在这三部历史，尤其是在明朝史中写上一笔，因为他在这三个方面都占有重要历史地位，发挥了重大历史作用。1562 年是陈璘戎马生涯的起点，当时为了平息潮州地区的叛乱，陈璘响应当时两广总督的号召入伍，并颇受赏识。此后的 10 余年间，陈璘一直在广东地区作战。嘉靖四十一年（1562 年），潮州、英德等地数万平民起义，陈璘平乱有功，任指挥佥事，后升任广东守备，接着剿灭了土匪赖元爵和岭东残寇。万历初年，陈璘又先后平定高要邓胜龙叛军和揭阳山贼钟月泉，因此升任署都指挥佥事，佥书广东都司。万历二年（1574 年）三月，因张元勋部将李诚立攻打潮州府贼寇诸良宝战败，总督殷正茂临时授予陈璘参将职，让陈璘统帅一支部队，平定诸良宝后陈璘被授予肇庆游击将军，调任高州参将。万历四年（1576 年）十一月，陈璘任广东罗旁战争先锋官，平定罗旁山瑶民动乱有功，升为副总兵，代理东安（今云浮市云城区、云安区一带）参将事宜。

万历二十六年（1598 年），陈璘出征朝鲜，立下援朝第一功回国，即于万历二十八年（1600 年），率兵投入贵州的播州（今贵州遵义毗邻贵云川广交界地区）战役，首先击破杨栋梁军，后歼灭四牌、七牌贼军，攻破青龙囤，致使叛军首领杨应龙自尽，取得大胜，即被封左都督，世袭指挥使，并受命镇守贵州。当时苗民已有叛乱苗头，不久开始动乱。时任贵州巡抚郭子章向朝廷请求以兵镇压。于是陈璘于万历三十三年（1605年）四月，率部一万人平定苗民暴乱，保持了社会安定，为边境治安再立新功。万历三十五年（1607年）五月，他被改派镇守广东，驻军以罗定为首府的“三罗”地区，即当今以云浮为中心的粤西南江流域地带，为和睦俚族、瑶族等百越族后裔，保持社会稳定、促进社会发展做出卓越贡献，受到地方群众高度尊敬爱戴。万历三十五年（1607年）五月八日陈璘去世。朝廷赐予他“祭葬”（国葬的一种），还恩准在陈璘的故乡广东翁源龙田村建造“龙田城”，城内设“太保祖祠”和“太保祠”。

从以上经历可见，陈璘在赴朝抗倭前后，在国内主要是包括两广和贵州云南在内的珠江流域地带的戎马生涯，使命是平定地方和少数民族的动乱。在这些被平定的动乱的肇事者中，除苗族、瑶族等少数民族之外，其余可能属于农民起义和社会地方势力者皆有，有待以后专题研究，才能具体分清动乱事件的是非功过。但从总体而言，陈璘的这些经历，都是在当时起到保持社会安定、促进社会发展作用的，都是在民族、地方、社会的发展中具有历史意义的；同时也说明陈璘在民族文化与地方文化领域，也创造了丰富的对撞融合的历史经验，对历史和当代都具有重要意义和启示。

从珠江文化视角看来，陈璘除在援朝海战和海防的功绩外，主要是在珠江流域地带创下民族融合与地方稳定的功绩，而这两个方面的历史和社会问题，对于珠江流域地带而言，又是极其突出而有重要意义的。因为这个地带，是中国的南方边陲，又是少数民族主要聚居地。从原始时代被黄帝和尧舜打败的蚩尤的后裔苗族，从北方一直被赶到这地带生存；同样是在原始时期从海上登陆岭南的百越族，沿珠江水系西进，分别以南越、骆越、黔越、滇越，遍布广东、海南、广西、贵州、云南各省。但他们都在以后的历史时期中受到种种围剿驱逐，逐步受到分化、泛化、同化，有的被迫迁移边远深山地区或海外诸国，造成生活地带和族群人口缩减，至新中国成立后由于中国共产党实行民族和睦政策才得以稳定下来。应当说，陈璘当年在这地带，用武力镇压过苗族和瑶族动乱，但不是灭族残杀，主要是稳定社会秩序，保持地方安宁，使民族之间达到从对撞到融合的目的。所以，陈璘的这些业绩和历史经验，是值得肯定的，对于珠江文化而言是更有历史和现实意义的。因为在广东境内的珠江主干流文化带中，西江主要是广府民系文化带，东江是客家民系文化带，北江是广府与客家民系结合文化带，韩江是潮汕民系文化带，唯广东最古土著百越族之后裔俚族、瑶族等，在南江流域的粤西四市尚有较深较厚之遗存，应当以百越族系文化带称之并促其发展为宜。应当看到，这是最古的广东土著文化资源，是蕴藏丰富、极其可贵、开发前景无限的文化圣地和宝库。这块圣地宝库之所以能保存下来，是与陈璘当年主政“三罗”的业绩分不开的，其历史经验也是深有历史和当代意义的。

四、武将文化与民俗文化中的韬略风范和精神遗产

在中国传统名人文化中，一贯是重文轻武，文星居多，武星少数；有些文武兼备的名人，如宋代的辛弃疾，既是著名豪放派词人，又是抗金名将，也只重其词坛成就，轻其武功贡献。纵观广东千年名人史，也是这样。由此视角看来，陈璘所代表和体现的武将文化，无论在中国或广东的名人史上，都是十分杰出并有重要历史地位的。

后人总结陈璘一生主要有三大功绩：一是平定两广的匪患，并落籍粤西云浮市云安区（时称东安县），为当地的社会稳定、经济发展，起到了开拓者的作用；二是统领水师抗倭援朝，尤其是露梁一仗，中朝联军大败日军，成为世界海战史上最著名的战争之一，让日本此后二百年不敢觊觎中华；三是平定播州叛乱，促进我国西南地区的经济发展和社

会进步。万历皇帝在陈璘死后恩赐楹联："辟土开疆功盖古今人第一，出将入相才兼文武世无双。"此联对其所做的盖棺论定之评价也是如此。可见朝野皆公认陈璘是三功盖世、文武双全、豪光四射的将星。

但从实绩上看，陈璘在军事上的贡献是主要的，主要是杰出的武将，更堪称海陆两栖的军事韬略家。《明史》称他"璘有谋略，善将兵"。这是历史对陈璘作为军事韬略家的肯定。当朝鲜要求明朝派兵支援抵抗日寇侵略时，本来陈璘刚受到免职处分不久，但因为陈璘熟悉倭寇战法，朝廷即对他破格启用，并接连升其为神机七营参将、代理都督佥事，充任副总兵官，协同防守蓟镇，没多久又命他率兵赴朝参战。随后，他即以海陆并进、两面夹击、后发制人的战略战术，取得露梁海战的重大胜利，被载入世界海战史册，这是其海战韬略杰作。《明史》又写他"播州之役，诸将用命，合八道师，历时五月，乃克之，可谓劳矣"。在这场战役中，陈璘采取分兵出击、声东击西、以守为攻、乘虚而入的战略战术，大获全胜。他又在征伐皮林的平苗战役中，以分军合围、层层进击的"擒贼先擒王"战略，首先抓获苗民首领银贡，紧接穷追抓获另一首领吴国佐，接着诱捕石纂太、活捉杨永禄等叛党首领，获得陆战大捷，遂使乱军平定。从这些战例可见，陈璘在海战和陆战中都因韬略高明而左右逢源，无愧是一位卓越的海陆两栖的军事韬略家。

陈璘还可称为文武兼济的政治韬略家。首先表现在陈璘不仅行武一生，还是一位诗人。其文才素质，仅从他一首答人诗即可见一斑："幼习干戈未学诗，三公何必苦留题？绝发结绳拉战马，拆袍抽线补军旗。江南美景君曾志，塞北风寒我独知。胡夷百万临城下，为何不去吟首诗？"他很风趣地抒发了戎马生涯的感慨，并以诗自谦而抒发报国壮志，文情并茂，壮气凌云，可见其文武兼济的素质。此外，他先后两次——首次是万历四年（1576 年）十一月，末次是万历三十五年（1607 年）五月——在广东的"三罗"地区，即当今以云浮为中心的粤西南江文化带，以文武兼济的政治韬略，平定瑶民动乱，使整个政局从乱而治，民族和睦，社会稳定，他也因此受到群众尊敬爱戴。由此，称其为文武兼济、深谙韬略的政治家是实至名归的。

尤受后人崇拜的是：陈璘还是一位风范长存的文星战神。这称号可从后人对他的纪念方式与活动得到证实。例如，在龙崖陈公祠，门前庄严地竖立着一块陈璘的战功碑，碑文详细记载了露梁海战的壮观场景。大门对联是“恢复三罗功一等，劳勋两月响千秋”。祠内墙上挂着威风凛凛的陈璘肖像图，名为《陈璘受降图》。祠外空地是当年陈璘的练兵场原址，残垣断壁依稀尚见，仿佛当年练兵操戈之声穿过时空隧道，随风振荡，使整个公祠的氛围气势，正如文星战神活灵活现。更有意味的是，20 世纪 40 年代抗日战争期间，时任国民党十二集团军总司令余汉谋上将，在日军兵临翁源城下，并企图将陈璘的故乡夷为平地的紧急关头，为打响粤北战役第一仗，特地亲临龙田祭祀陈璘的太保祠，举行祭奠誓师仪式，奉上祭联：“专征伐以讨倭夷，辽海建奇功，民族英雄名不朽；闻鼓鼙而思将相，国人崇祀典，大明太保庙长兴。”祭联及其仪式，都是旨在以陈璘这位明代的抗日战神，鼓舞当今抗日精神，以历史抗倭奇功，激励取得当下胜利！

陈璘这种风范长存的文星战神形象和精神，还极其生动活泼地体现在民俗文化中，代代相传，与世长存。迄今在当年陈璘先后两次主政的“三罗”地区，即当今粤西南江流域一带，一直流传着大量有关陈璘的民间传说。其中许多传说，都结合当地的地名、民俗风物，充分展现了陈璘为民谋利、从善除恶、大智大勇、忠君报国的形象，如民间故事“陈龙崖题诗”“官场斗诗”“白沙塘的传说”“智歼鱼窝王”“火烧茅棚”“献蚊求帐”“智歼余倭王”等等；此外，有一些地名山名、风俗风味的由来，也与陈璘有关，如马岗山、东杆洞、五爷山、官渡、旧所等山地之名，钱杆舞、太保庙炮会、禁打五更、擂茶粥、茶洞豆腐、天所茶等传统风俗活动或特产的来历，都是民间为纪念陈璘或者是由陈璘自己开创的，都是民间创造的文化习俗和艺术作品，也是陈璘形象和精神的体现或再现。这些关于陈璘的民俗文化，既是陈璘文化的一个方面或部分，又是民间所创造并流传的陈璘形象和精神遗产。所以，云浮民间故事“陈璘传说”，被列入广东省非物质文化遗产名录，至今在纪念陈璘的龙崖陈公祠，门前悬挂着“陈璘传说”的市级、省级非物质文化遗产牌匾，是理所当然的。这是对陈璘文化的历史和当代意义的肯定，并标志着陈璘精神与文化与世长存！

2019 年国庆节假期完稿于广州康乐园

擦亮抗倭英雄陈璘品牌
打造广东中韩交流高地

王元林
（广东省人民政府参事室特约研究员、广东省珠江文化研究会会长、广州大学教授）

陈璘（1532—1607 年，一说生于 1543 年），字朝爵，号龙崖，祖籍广东韶州翁源县，后落籍云浮六都南乡，明代著名将领、抗倭英雄。2014 年 7 月 4 日，习近平总书记在韩国国立首尔大学发表了题为《共创中韩合作未来　同襄亚洲振兴繁荣》的演讲，提到“历史上，每当面对危难时，中韩两国人民都相濡以沫、患难相助。400 多年前，朝鲜半岛爆发壬辰倭乱，两国军民同仇敌忾、并肩作战。明朝邓子龙将军和朝鲜王朝李舜臣将军在露梁海战中双双殉职，明军统帅陈璘今天还有后人生活在韩国”。陈璘在中韩友好历史上留下了重要的宝贵的财富。

近年来，广东省韶关翁源县、云浮云安区都先后召开了有关陈璘的学术研讨会，也先后成立陈璘文化研究会和广东省珠江文化研究会陈璘文化专业委员会，推动地方文化建设，为加强中韩历史文化的研究与交流做出一定的成绩。但仍存在认识不到位，整合不足，有关陈璘历史与精神价值主题不明确的情况，笔者在调研有关陈璘历史遗迹与非物质文化的基础上，特提出一些参事建议。

一、陈璘主要事迹

陈璘历经明朝嘉靖、隆庆、万历三朝，生于广东翁源，落籍广东云浮，终于广东潮州，都与广东关系密切，可谓广东历史名人杰出代表之一。他一生46年疆场生涯，官至左都督（正一品），死后被赠封“太子太保”，主要事迹如下：

1. 驱倭平乱，军政卓著。陈璘应征平定粤东海盗张琏，单刀赴会，遣散张琏部将林朝曦下属，智歼河源、翁源山寇李亚元，进剿赖元爵、蓝一清等，功勋卓著。万历三年（1575年），高州参将陈璘先剿九十巢，从西路信宜直捣罗旁（郁南一带），被授予东山（罗定一带）副总兵。万历五年（1577年）“三罗”地区设立罗定州，下辖东安县（今云浮市云城区、云安区）、西宁县（今郁南县）。陈璘经略善后，招募抚恤，对粤西南江流域安定贡献巨大。难怪两广总督萧彦评价陈璘“陈璘之名，于粤最著，而其树功于粤亦最多，谈粤之宿将，无有两者”。

2. 抗倭援朝，名垂中韩。万历二十六年（1598年），陈璘为水师提督，率兵援朝。初战折之岛告捷，中朝水师收复竹岛、鹿岛；再战露梁海海战，中朝取得决定性胜利，陈璘论功第一，从此确定了三百年东亚海疆的格局。《明史》论援朝战争中功绩：“论功，（陈）璘为首，（刘）綎次之，（麻）贵又次之。进璘都督同知（从一品），世荫指挥佥事。”

3. 平播定黔，卒于任上。万历二十八年（1600年）明军八路进攻播州（今贵州遵义）杨应龙叛乱，陈璘为其中一路从贵州余庆县白泥出发，经湄潭县会攻播州。陈璘招抚苗寨首领汪外望等，攻破玛瑙、保子、长坎、青蛇等四囤，攻克大小渡关，各路合破杨氏老巢海龙囤。陈璘部斩杀敌六千余人，俘获一千七百多人，招抚九千六百多人，再立战功。后他又荡平偏沅（今贵州施秉与湖南芷江）吴国佐叛乱与打水硍（今江口县西南）。万历三十四年（1606年）陈璘移镇广东潮州，次年卒于任上。

陈璘一生功勋卓著，万历皇帝赐匾“开拓第一功”，赐联“辟土开疆功盖古今人第一，出将入相才兼文武世无双”。

二、陈璘历史文化品牌内涵

明将陈璘一生驰骋疆场，中外扬名，作为广东历史名人，其历史文化品牌应该认真挖掘。那么，其历史文化品牌包括哪些内容呢？

1. 与陈璘相关的历史遗迹丰富多彩。陈璘戎马一生，在韩国，全罗南道莞岛郡古今岛有中朝水师司令部遗迹、祭祀陈璘的关王庙，丽水市猫岛保留有陈璘都督城墙，光阳市有抗倭遗迹，顺天市倭城有打败倭寇的战斗遗址，等等。庆尚南道南海郡是露梁海战发生地，海峡南岸有南海忠烈祠、观音浦李舜臣影像馆以及附近相关的遗迹，统营市有闲山大捷相关遗迹，等等，不胜枚举。中国广东云浮市云安区有南乡千户所遗址、白梅千户所遗址、富林千户所遗址、高村千户所遗址、陈璘陂、陈璘井、五爷山、陈璘“魁岩石刻”、“止戈岩”题字；肇庆七星岩陈璘题刻；汕头南澳县南澳总兵府、深澳天后宫旁《南澳山种树记》石碑；贵州余庆县龙溪镇陈璘摩崖石刻；贵州遵义海龙屯等有关平播中陈璘的石刻；等等。这些丰富的石刻遗迹是历史的见证。而韩国《左水营大捷碑》与陈璘《祭李统制（李舜臣）文》成为中韩“壬辰战争”中友谊的见证。

2. 陈璘后裔文化丰富，各种历史遗迹与祠堂、庙宇、墓地丰富。韩国全罗南道的海南郡山两面皇朝洞与“皇朝别庙”，后裔两千多人；丽水市猫岛建有纪念陈璘的“都督村”；莞岛郡庙堂岛有相关遗迹；等等。中国广东云安六都等陈璘后裔三千多人，云浮市云安区现存有六都镇南乡村龙崖陈公祠、富林镇太保庙、高村张陈二爷庙、六都莲塘围陈璘墓、陈璘子孙墓地等，遗迹消失的原云浮县城陈太保庙和罗定的陈太保祠等；翁源县周陂镇龙田村有陈氏宗祠与安公祠、家族墓地等。

3. 中韩都保留有丰富的与陈璘相关的非物质文化遗产。韩国全罗南道的海南郡、高兴郡、莞岛郡、丽水市、顺天市等，庆尚南道南海郡、统营市等，韩国西南部海域都有丰富的陈璘传说、露梁海战信号风筝制作、祭祀忠烈祠与关王庙的祭礼等非物质文化遗产。中国有贵州遵义海龙屯（世界文化遗产）、余庆县钱杆舞，广东翁源县六月六牛神灶、云浮市云安区富林镇太保庙炮会、高村霜降祭、茶洞擂茶粥（云浮非遗）、豆腐传说与制作工艺、天所茶、牛嘴络、陈璘传说（广东省非遗）、钱杆舞，等等。今天云浮“三罗”地区流传的习语“陈璘咁大功劳”“陈连州打倭鬼——尽此一煲”等，都与陈璘息息相关。

总之，陈璘历史文化品牌涉及物质文化遗产（史料、史迹、文物）、非物质文化遗产，涵盖地域涉及中韩，中国涉及广东、贵州、南直隶（江苏）沿海，内涵丰富，特色鲜明。其爱国护疆、肝胆忠义、招抚民众、体恤百姓、团结协作、敢作敢为的精神，值得发扬。特别是为中韩人民留下的传统友谊，是难得的宝贵的精神财富。难怪《东安县志》如此评价陈璘：“功绩在边疆，威加海外，振古以来，所稀见也。”

三、打造广东中韩文化交流高地的建议

陈璘是明代著名的军事将领，现今中韩仍留存有大量的历史遗迹与后裔，如何活化这一历史文化品牌，发挥陈璘文化品牌效应，值得思考。

1. 整合广东乃至中国相关的陈璘历史文化遗迹，与韩国全罗南道、庆尚南道各郡、市政府层面共同打造中韩友谊的文化高地。目前，庆尚南道统营市已与广东云浮市达成缔结友好城市意向，希望其他各市也可在政府层面打造陈璘文化交流的平台。政府出面，打造全方位、全面的合作高地。官方合作、引导，是整合与提升陈璘文化品牌的关键。

2. 利用中韩相关的陈璘历史传说与后裔，挖掘历史事实，做足做大民间陈璘交流的文章。除成立民间交流平台与研究会、宗亲会外，利用陈璘文化特有的文化特质与纽带关系，加强各层面的联系与合作，组织恳亲团相互访问，加深中韩友谊。广东云浮市、韶关市牵头，成立省一

级的研究会、宗亲会，轮流举办活动，扩大影响，做好宣传。

3. 充分认识陈璘在中韩友好交往中的重要作用，提炼陈璘当代文化价值。以省文化和旅游厅或者云浮市、韶关市牵头，云安区、翁源县实施，开展相关的文化艺术节与名人活动，打造陈璘文化的新高地。虽然云安区、翁源县有相关的文化活动，但没有形成品牌和规模效应，在全省还没有形成影响力。甚至目前为止，有关的文化广场、博物馆还较简单，只是县区一级的简单展示或公共空间而已。希望定期与韩方沟通，中韩互办或轮办有关陈璘的文化活动。

4. 组织中韩学者共同研究陈璘及“壬辰战争”，出版一批高质量的书刊。利用广东高校科研优势，以陈璘等人为切入点，中韩学者做好陈璘与“壬辰战争”研究，发挥各种学术团体和社会团体作用，落实经费，定期举办陈璘学术研讨会，出版陈璘文化丛书，在陈璘研究中，行使中国学者的话语权。

5. 串联起有关陈璘的生平事迹、历史遗迹的旅游路线，让韩国友人来中国，中国人到韩国，更进一步了解陈璘的丰功伟绩，以加强两国人民的友谊。特别是利用与陈璘相关的历史遗迹，展开民众自发探索旅游，鼓励各种文保单位与列入各级名录的文化遗产的传承者，开展全域旅游，利用陈璘古驿道与行军路线，结合沿线的民间传说、非遗项目，利用绿道，打造新农村、脱贫的新途径。

6. 通过摄影、绘画、动漫、影视以及纪录片，网络媒体、app（应用程序）推送等，展开陈璘文化的宣传。在广东云浮、韶关、汕头、潮州、河源、高州、肇庆等地，寻找陈璘相关的文化遗迹与非遗，用互联网、短视频等，争取把陈璘列入“南粤先贤”中，多形式展现陈璘的丰功伟绩与精神价值。利用近 3 年的宣传，为 2022 年中韩建交 30 周年庆典做好献礼。

相信只要政府引导，民间合作，加强优秀传统文化与爱国主义教育，弘扬明朝抗倭将领、民族英雄陈璘忠诚爱国、勇于担当的精神，一定会打造好陈璘文化的特色品牌。同时，把陈璘文化与实施乡村振兴战略相结合，让陈璘成为中韩友好交往继往开来的新名片，为广东打造文化强省做好历史诠释的好文章。

从三罗政区建置看陈璘的历史贡献

司徒尚纪

（广东省珠江文化研究会名誉会长、中山大学教授）

摘要：政区建置是国家实施区域管治的空间组织形式，新政区设置是区域政治、经济发展达到成熟程度的标志。位处两广交界的广东三罗地区，宋元时期政区建置稀疏，明代仅置泷水一县，封建统治力量单薄，成为地方动乱一个根源。万历年间陈璘在平定当地瑶乱基础上，奏请朝廷设置罗定直隶州，东安（云浮）、西宁（郁南）县，即后称三罗，奠定了南江流域发展的政治基础。继推行修筑城池，调整驻防兵力，开辟道路，移民、垦田、兴学等对策和措施，安定社会，医治动乱创伤，发展经济，改善民生和社会风气，为三罗建设做出重大贡献，值得肯定和讴歌。

关键词：三罗政区建置；陈璘；历史贡献

陈璘是一位有多种贡献的历史人物，不管是褒和贬，按照马克思主义的绝对要求，就是把人物放在特定的历史环境之内。陈璘生于明末，一生活动主要在两广、朝鲜、贵州，在平定动乱，抗击倭寇，巩固海防等方面立下赫赫战功，受到朝廷嘉奖、百姓拥护，被以各种形式祭奠纪念至今，实至名归。其中陈璘在明万历年间平定粤西罗旁地区动乱后，设置罗定直隶州，下辖西宁、东安二县，统称三罗地区。这是明代广东历史上的一件大事，对广东政区版图、空间格局、社会长治久安，当地经济开发、城市建设、交通改善，民族和文化融合，社会民生等，都产生积极作用和深远影响，对推动粤西地区历史发展是一种正能量，应予充分肯定。后来三罗地区一改蛮荒状态，社会安定，经济复苏，走向繁荣，在岭南政治、经济版图上占重要地位，陈璘平定三罗，设置州县，功不可没。

一、三罗历史地理形势

三罗亦指罗旁地区，是西江在广东下游南岸以泷水县为中心的包括周边粤西山区的地区的泛称，因有罗旁山、罗旁水而得名。在此之前三罗地区属肇庆府管辖，肇庆府下属地域广及，德庆、泷水、高要县，西江南岸，以及阳春、新兴和高州信宜部分地区，明万历五年（1577 年）调整政区，辖今三罗地区。《明史·地理志》记载："罗旁在德庆州上下江界，东西二山间，延袤七百里。……东接新兴，南连阳春，西抵（广西）玉林、岑溪，北至长江。"所以三罗地区实跨两广，西有云开大山脉，东属云雾、天露山脉，中部罗定江（南江）穿越其中，自西南向东北注入西江。全境峰峦错列，突兀高耸，不可胜数。周围数十里或数百里不等，植被茂密，瘴疠袭人，形势十分险要。据顾祖禹《读史方舆纪要》记载，境内高山大岭有 25 座。如云浮山"高五十丈，周四十里，危峰突起，峰顶常有白云"；罗旁山"高七十丈，周四十余里"；青旗山"林木青葱，人不敢伐"[①]；又云雾山"周百里，在东安县西，自西北迳口达东南迳口，延袤二十余里，两岸峻峭，茂林蔽天，瑶贼旧据其中，人迹断绝，为东山第一畏途"[②]。南江河谷、罗定盆地及众多小盆地错落万山之中，被称为"峒"，土地肥沃，农作丰富，俯仰自给，即使发生战乱，高山隘道，可成为坚固地理屏障，山间盆地则为割据势力据险自守的经济保障。

---

① 顾祖禹：《读史方舆纪要》卷 112《广东 · 罗定州》。

② 穆彰阿：《大清一统志》卷 351《罗定州》。

三罗因位处两广交界，也是腹地，军事战略地位十分重要。其西连西江大藤峡等广西瑶乱之源，向东南则居肇（庆）、高（州）、廉（州）、雷（州）、广（州）五府之上游，邻接沟通两广大动脉西江。瑶乱每一发生，朝廷无法在这一地区建立有效的管治，也阻碍西江水运畅通。无论西江南北瑶乱，势必互相呼应，并向高雷地区扩散。故地方志称："（罗旁）面控高凉，背负端州，枕长江，拥菁岭，西控岑溪之冲，东连阳春之险。崖谷深浚，滩水激高，一州两邑，界两粤、肇、高之间。瑶、僚杂错处，旧称岩险。"[①]顾祖禹也指出，罗旁地区不仅是"抚绥重地"，在军事地理上也是"门庭巨防"[②]，即军事防御重点地区、兵家必争之地、两广心腹之患。为保这类地区安全，增加行政建置不失为上策。后来屈大均总结这方面经验，指出："昔人谓治广以狭，诚上策也。"[③]三罗建置可说明这一经验，容后述。

三罗更是广东少数民族聚居地，从古代俚僚人到隋唐瑶壮苗人等，到明代发展为更大规模瑶寨遍布，朝廷屡征未果，形成非常尖锐复杂的官民、汉瑶对立，征伐与反征伐激烈局面。这为朝廷任用陈璘平乱提供历史机遇和平台，陈璘借此崭露头角，立下战功，时势造就了这位平乱英雄。

二、陈璘平定罗旁之乱与三罗建置

陈璘（1543—1607 年），广东翁源县客家人，少有大志，膂力绝伦，好任侠，广交贤豪，学得一身高超剑术，闻名乡里。嘉靖四十一年（1562

① 民国《罗定志》卷 1《山川》。

② 顾祖禹：《读史方舆纪要》卷 112《广东 · 罗定州》。

③ 屈大均：《广东新语》卷 2《地语》。

年）陈璘从军，参与平定潮州海盗张琏之乱有功，封爵万户，任命为把总，成为将军。此后，陈璘参与或带兵平定翁源凌珠、官祖政叛乱，乳源、英德山贼卓文胜，始兴叛贼张韶南、黄士良，清远叛贼赖惟清，阳春西山吴子和、卓朝喜，河源叛贼黄祖，从化山贼万尚钦，揭阳田心贼，晋宁南陂贼，饶平海贼刘田十，粤东贼赖元爵、蓝一清，高要贼陈胜龙，粤东大盗诸良宝等，皆连战连捷，朝野震动。但陈璘战功最为显赫之役是对粤西罗旁地区瑶乱平定。明初以来，罗旁瑶乱屡征不克，成为朝廷心腹之患。万历四年（1576 年）由两广总督凌云翼筹划，部署征剿，集中高州、肇庆、韶州、广州等府兵力，陈璘专守高州，采取奇袭战术，总共动用兵力 20 万人，袭夺三罗之瑶。陈璘从信宜南下出击，配合征剿大军。史称“璘所破凡九十巢”。[①]在战斗中，陈璘“悬崖履险，躬冒矢石，先后俘斩三千多人，他哨少与埒者”。[②]事后《苍梧总督军门志》记：“师阅四月，攻破贼巢五百六十有四，擒斩一万六千一百四名颗，贼魁尽戮，冻饥焚死，筑景观焉。投降四百九十三名，俘获男妇两万三千一百五十一口，夺获器杖牛马无算。”[③]据李爱军博士后绘《万历四年平定罗旁瑶乱十哨进兵示意图》[④]，这 20 万大军分信宜哨、茂名哨、阳春哨、新兴哨、德庆哨、连滩总哨、伏岗哨、泷水哨、罗旁哨、岑溪哨，总共 10 路，从东、西、北三个方向合围，终于使瑶寨被犁庭扫穴，其惨烈程度空前绝后，在全国也是一场大规模军事围剿行动。陈璘作为一位主要参与者和军事统帅，事后也写了《罗旁善后功绩碑记》，对是役过程和军事部署也有详细记载，其中说到“进征分十大哨，武为统督，文为监督，而监军之权尤重。

① 张廷玉等：《明史 · 陈璘传》，北京：中华书局，1974 年。

② 中国社会科学院图书馆编:《稀见中国地方志汇刊》第 44 册，北京：中国书店，1992 年。

③ 《苍梧总督军门志》卷 21《讨罪五》，第 219 页。

④ 李爱军：《明代广东军事地理研究》，广州：世界图书出版公司，2015 年，第 216 页。

用兵计二十万，主有土兵，客有浙兵，而狼家之兵（按指广西壮兵）大多。兵哨严而不漏，分合详而有法”。[①]在这样强大军事力量围剿之下，瑶乱终被平定。吸取对三罗地区政治统治和军事镇压的教训，建设新行政区域成为当务之急。这就是三罗政区建置，陈璘功不可没。

三罗地区政治建置历史不算单薄。唐以前政区建置姑且勿论，唐代有封州（临封郡）辖封川（郡治）、开建县，泷州（开阳郡）辖泷水（郡治）、开阳、永业、安南、建水，勤州（云浮郡）下辖富林、铜陵2县，高要郡辖高要（郡治）、平兴2县，涉及4郡11县之多。南汉置泷州辖泷水（州治）、开阳、镇南、建水4县，康州辖端溪（州治）、晋康、悦城、都城4县，封州辖封川（州治）、开建2县，涉及3州10县。到宋代，建置大为减少，北宋仅置封州辖封川（州治）、开建2县，端州辖高要（州治）1县，新州辖新兴（州治）县，康州辖端溪（州治）、泷水2县，总共涉及4州6县；南宋建置更少，仅有封州辖封川（州治）、开建2县，新州辖新兴（州治）1县，德庆府辖端溪（府治）、泷水2县，共涉及3州府5县。元代建置又减少，仅设德庆路辖端溪（路治）、泷水2县，肇庆路辖高要（路治）、四会2县，封州辖封川、开建2县，新州辖新兴（州治）1县，名义上有2路2州7县，但实际上这些路州范围很广，真正在三罗地区并不多。明初，三罗建置相对萎缩，洪武元年（1368年），改元末路为府，二年（1369年）撤新州，属县新兴、阳江、阳春划入。九年（1376年）德庆府降为州，隶属肇庆府，属县封川、开建、泷水3县，随州改属，撤销端溪县，实际上三罗地区只剩肇庆府泷水县。[②]政治管治力量甚弱，为瑶乱提供了政治、军事基础。

---

① 康熙《东安县志》卷10《艺文志》。

② 广东省人民政府地方志办公室编：《广东省行政区划图志》，广州：广东省地图出版社，2016年，第129—145页。

在阶级矛盾尖锐时代，封建王朝常在镇压人民反抗之后，在当地设置郡县，以达到“长治久安”目的。其中一例是明正德十四年（1519年）南赣提督王守仁（王阳明）在镇压铲平浰头盗匪之后，在《请立和平县疏》中说“龙川和平地方……其是山林阻隔，地里辽远，人迹既稀，奸宄多萃”，“必立县以镇之，庶几长治之道图也”。[①]这代表了这类政区设置的缘由。在瑶乱平定进行期间，两广总督凌云翼即向朝廷提交呈文《命大功已垂成并预计善后之图以保久安疏》，提出初步善后处理方案。瑶乱既平，陈璘在《罗旁善后功绩碑记》中记：“地方既平，督抚大臣爰上善后之策，当宁以为然。于是分东西为两山，二山各以参将一员防守之。山以东置东安县（今云浮市云城区、云安区），以西置西宁县（今郁南县）。以泷水县适中，升为罗定州治，隶以二邑而控之宪臣，故守之中路守备，环之南乡、富霖、函口、封门四守御千户所，大小相维，军民杂成，二山自是屹然巨镇矣。”这样，三罗建置得以完成，当地自此有了一个三足鼎立政区格局，有效地加强地方治理，开拓三罗新政治、经济发展新局面。

三、三罗建置的政治、军事意义

大乱之后，陈璘按照总督凌云翼向朝廷提出的《命大功已垂成并预计善后之图以保久安疏》所规划蓝图，在实际上采取一系列措施，善后建设三罗，成绩粲然可观。这包括：

明代广东已进入全国先进地区之列，新设置22县，约占全省县总数30%，以粤东韩江三角洲，珠江三角为多，另则为粤西，即废除元代设置

① 光绪《惠州府志》卷23。

泷水县，直接升格为罗定直隶州，与府同一级别，是广东唯一一个直隶州，直接受广东布政使管辖（保留到清代），另置东安、西宁 2 县，后统称“三罗”[①]。这是为加强粤西地区政治统治和协调汉族与瑶、壮族关系的结果。在明代广东政区格局上，改变以前政区分布悬殊状态，使政区空间分布进一步趋于平衡，特别是粤东和粤西，增加县最多，有利地方和社会经济发展。

三罗设置，“以一州统两县，治幅员千里，其势已壮”[②]，起到统摄全局作用。

另外，三罗地域宽广，仍需设置军事组织，以策安全。故再设南乡、富霖、封门、函口 4 个千户所，相距 50—100 公里，位置适中，都在通往新兴、阳春、信宜和广西岑溪的交通要道上，使军事防御力量趋于均衡。其他险要隘口，另设巡检司、营堡，“声援相及，防守更便”。这个宏观基层政区、军事建置，奠定了三罗以后社会、经济发展基础。

四、陈璘对三罗治理

一是修筑城池。

析德庆州的晋康乡南岸地方（包括六都、宋桂、东坝、白石、镇安、高村），高要县的杨柳、都骑、思劳、思办四都，新兴县的芙蓉一图、二图，以及泷水县的南乡、富霖二所地，归东安县管辖。[③]首任知县肖元冈于同年闰八月主理建设墙工程，经过半年多，在万历六年（1578 年）二月建

① 司徒尚纪：《广东政区体系——历史·现实·改革》，广州：中山大学出版社，1998 年，第 55 页。

② 李爱军：《明代广东军事地理研究》，广州：世界图书出版公司，2015 年，第 217 页。

③ 康熙《罗定州志》卷 1《舆地志》。

成，城墙高2丈，厚0.8丈，周384丈。县衙、军署、学宫、分司、社学、仓库等管理军政文教钱粮的机构也先后建立起来。[①]这样，作为三罗政治中心建立起来，有效地发挥它的政治、军事功能。

二是调整政区管辖范围。

析原属德庆州的都城乡三个都即十三都（都城白木）、十四都（桂圩、罗顺）、十五都（平台、万洞），与原属泷水县的六个都即太平都（建城、宝珠）、永安都（通门）、裕宁都（历洞）、常静都（稭滨、新乐）、保和都（大湾、塔脚）、建康都（连滩、河口），归西宁县管辖。[②]新任知县朱宽修筑西宁县城，城墙高1.9丈，厚1丈，周383丈。万历十四年（1586年）又将信宜县五个都即定康都、信丰都、感化都、从善都、镇南都（扶合、泗纶）划西宁县管辖。[③]这样调整，使各县管辖乡都更加平衡合理，提高了管治效率和施政效果。

当年即在东安县南北修筑富霖、南乡守御千户所城池，其中富霖守御户所在县治西南80里，城周149.7丈，高1.6丈，城内依次建参将衙门和千户所署等。南乡守御千户所在县治北30里，城周314丈，高1.6丈，厚1.2丈。[④]在西宁县南北修筑封门、函口守御千户所，其中封门所在县治西南50里，函口所在封门所南120里。[⑤]

在所城基础上，重新调整驻防兵力，使之更为合理，有效。在罗定各地派驻中路前、左营，西路前、后、左、右营，东路前、后、左、右营，共十营5000兵力，在泷水上设江防，派巡哨船12艘。各营兵力分开派

---

①康熙《东安县志》卷10《艺文志》。

②康熙《罗定州志》卷1《舆地志》。

③康熙《西宁县志》卷2《建置志·城池》。

④康熙《东安县志》卷8《兵防志》。

⑤康熙《西宁县志》卷7《兵防志》。

驻到各县城、千户所、要隘、集镇之处，在全境设营堡 51 处（见表），营堡间隔 30—80 里之间，星罗棋布，相对均匀，便于有突发情况营堡之间互相声援。[①]

罗定州新设置营堡分布表

州县	营堡名称	数量
罗定	金迳、罗镜冈、洒上、云卓、大柿根、白石、水迳、思贺、镇安、平窦、掘峒、马柜、合水	13
东安	罗溪、铁场、荔枝峒、伏峒、安乐、思乐、南乡、县治、云岭、黄沙、福禄、林陂、马塘、龙埇、相思胡峒、歌村、白梅	17
西宁	庵罗、黄泥、古蓬、思乐、大力、罗旁、县治、车滘、封门所、云稍、新乐、思虑、梅峒、车田、谭章、扶合水围、排埠、分水岭、函口所、怀乡、白石	21

在继承原都城（西宁县辖）、开阳（西宁县辖）、晋康（东安县辖）三巡检司的基础上，将原归属新兴县管辖的罗苛巡检司调归东安县管辖。签发弓兵 30—60 人不等，这样就形成了“二县四巡检司”的防卫格局。

虽然以后随着形势的变化，政区和军事布防在区间内有所变化，如万历十六年（1588 年），函口千户所迁往满沟驿，开阳巡检司迁到怀乡等。但有明一代，罗定州军事部署的大体格局没有变化。通过这样军政区划调整，将叛瑶依据为天险，原来在德庆、新兴、泷水县界的大绀山、云雾山和天马山、金菊顶分别置于新建的县中部，并在其南北分别设置

① 顾炎武：《天下郡国利病书 · 广东中 · 罗定州兵额》。

千户所、营堡、巡检司控制，防范乱瑶死灰复燃和一切叛乱企图。[①]

三是修西山大道，发展交通。

根据凌云翼的设计，万历十六年（1588年），罗定州为了防范动乱，由兵备副使陈瞻岳主持，开始修筑罗定州通往高州的西山大道。克服了山高林密、瑶民阻拦等困难，三年终于完工。共有四条线路：一路起罗旁，经西宁县城、封门、夜护，到达怀乡，120公里；二路从怀乡经掘峒、罗镜冈到罗定州，167公里；三路从夜护经思虑到阿婆滩，27公里；四路从逍遥经振夷岭（后世称变夷岭，在今历洞胭脂顶称作二十四坳的地方）到西宁县城，27公里；道路宽1.2丈，共架桥228座。关于此道对安定罗定西南地区的作用，时人陈万言在《开西山大道记》中论云："自此，梗途遂成大道。""商旅往来贸易，官府往来巡省，深溪绝峒久外天日之民，习见汉官威仪而欣欣鼓舞若生，不敢越志以启衅，凡有举动朝发则朝闻，稍有邪谋夕发则夕扑。官政下达，民情上通，疏逖不闭，襁负日来。数百年虎隅兔窟之域，一旦转而为平平荡荡之区。"[②]

五、陈璘的历史贡献

平乱以后，陈璘以其功绩，万历五年（1577年），奉朝廷之命举家从翁源迁居至东安县南乡（今云浮市云安区六都镇），从七品官把总升至正一品的左都督、广东守备，致力于三罗地方建设，成就斐然，贡献甚大，影响至今仍未泯灭。

---

① 李爱军：《明代广东军事地理研究》，广州：世界图书出版公司，2015年，第219—220页。

② 周学仕：《罗定县志》卷8《艺文志》。

一是迁移人口，充实三罗地区。战后三罗地区，人口稀缺，经济凋零，赤地千里，一片荒凉。为充实新设州县，招民播种，承田立籍，迁入三罗者多为闽、广族群，包括惠州、广州等地居民。如西宁县，“开辟以来，闽浦插居，广肇附籍”，“间有翁源、封川之民”，在东安县，建县之初，“维时四方民和大会，胥相踵至。邑之内外，受廛者万计。连阳之民十居八九，务农力穑者尤甚。士之自广州者持牒，开府允所请，挟刺来学”。[①]事农者移民，连山、阳山（时属广州府）居多，而士者以广府为最，形成后来风尚各异局面。又因陈璘主持其政，翁源人在罗定州很普遍[②]，充当隶役的人多。德庆府封川县邻近罗定，来者也大不乏人，带来他们语言，习俗和生产技术，也利于文化交流和族群融合。

二是开垦荒地。乱后垦荒为当务之急。在陈璘前后各任官员，都以垦辟土地为先。万历九年（1581 年）两广总督刘尧海上疏中称，开拓罗旁二山，复田 58410 亩[③]，屯兵和移民出力不少。福建闽县人郑人逵曾任罗定兵备道，也对垦田开发发挥重要作用。万历十五年（1587 年），陈璘带头请求南海人陈万言撰拟《郑公去思碑》，内曰：“吾属东安之民，初来未知有养，刀耕火种，收聚非时。公授我田地，教我树艺，卖刀买犊，垦辟草莱，种植日广，屋居粒食，而民知养。”其效果可见一斑。

三是开辟道路，形成路网。基于三罗山峦重叠，交通梗阻不便。乱后，即以罗定州治为枢纽，向南经罗镜冈、函口、怀乡，通高州；向北循小江出大满期，接寿康绎，至东安、西宁二县和南乡、封门二所。欲通信宜、茂名和广西岑溪，山势险恶，瑶人阻挠，积久未能成事。后经官府、军队、民众共同努力，终于成功，使州内道路形成一体，成为网络，方便官商

① 乾隆《东安县志》卷 4《艺文志》。
② 康熙《罗定州志》卷 1《舆地志 · 风俗》。
③ 《明实录 · 神宗实录》卷 177。

百姓往来和加强地方管治。

四是创设学校，发展教育，改善民风。三罗以前有“狼獞二种，皆不事诗书，好为觋巫，习尚粗鄙，鲜知礼仪”。经过包括陈璘在内各任官员的努力，三罗境内终于建立起州县学、社学，汉瑶族人得到教化，设立学田、学地、学塘，建设学宫，录取生员，培养一批科学人才，改变昔日蛮荒风气。志称：“立社学以教瑶童，广廪额以资多士，修文偃武之风，或取自上裁，或谋之幕府，而公毅然行之。深山穷谷之中，淑气盈盈，新民效顺，卖刀剑而请来耕，弃弁服而习诗书，盖非复初旁初定之时矣。”[①]

经过这一系列势力和得力措施，三罗地区社会逐步安定，生产发展，从昔日之血腥战场，而成为“耒耜遍野，烟火弥望，鸡犬之声相闻……皆买犊荷锄，嬉游而歌诵”之地[②]。而陈璘笔下《罗旁善后功绩碑记》，则曰：“肆今将狼烟息警，山城如画，行者歌，居者宁，缙绅大夫士，东西上下，而夜柝不击，斯果谁之力哉？璘不佞，大征后筑室分田以世兹土。”这虽有自我表功之嫌，但陈璘确实是为三罗开发立了旷世之功的，故其所立碑记，一点也不为过也。

2019 年 9 月 12 日

① 陈万言：《罗定道陈公去思碑》，民国《罗定志》卷 8《艺文志 · 类编》。
② 洪有祖：《兵备道题名记》，民国《罗定志》卷 8《艺文志》。

云浮丰富历史人文资源的保护与利用探析

——以明代援朝抗倭英雄陈璘为例

侯月祥

（广东省地方志办公室原副主任）

摘要： 陈璘是中国历史上著名的民族英雄、爱国主义者，是践行“亲仁善邻、协和万邦、兼善天下”这一中华民族优秀传统的优秀人物。但是，由于历史原因，对陈璘宣传、研究和遗址遗迹的保护及利用，远远还未达到应有的水平，存在不少短板。要做好基础性工作，加强对陈璘有关历史遗址遗迹的整修、保护与利用，加强对他的诗文整理，出版研究成果，推动其家乡村镇建设，加强对外交流。同时，要通过做好纪念陈璘的这些工作，带动云浮做好其他历史文化名人的宣传和有关遗址遗迹保护利用工作，擦亮云浮优秀历史人文名片，深化和丰富云浮文化底蕴，提高广大人民群众，尤其是青少年一代的文化自信，守正创新，以爱乡爱国之心，提高云浮走文化强市道路的自觉性，推动云浮经济社会的快速发展。

主题词： 云浮；陈璘；人文资源；保护利用

一

陈璘，字朝爵，号龙崖，原籍韶州翁源周陂镇龙田村，明万历五年（1577年）奉旨举家落籍东安南乡（今属云浮市云安区六都镇南乡村）。在《明史》卷247、《广东通志》卷289、《韶州府志》卷34，以及新修《云浮市志》《云安县志》《罗定县志》等著作中，都有关于陈璘的记载。陈璘少娴将略，膂力过人。明嘉靖四十三年（1564 年）他献策军门，参与镇压农民起义，授韶州指挥佥事。陈璘历任广东都司、肇庆游击、高州参将、狼山副总兵，及蓟、辽、保定、山东等处防海御倭副总兵等职。16 世纪末，日本封建主发动侵朝战争，明朝廷应当时朝鲜政府请求，派兵援朝。万历二十六年（1598 年），陈璘率广东兵员赴朝参战。在锦山战役中，他重创日军，取得关键性胜利。后他任广西总兵、湖广提督，进都督同知，寻镇贵州，特进光禄大夫，调广东总兵，卒赠太子太保。①

陈璘在广东任所去世，享年五十有六（关于年龄有几种说法），葬东安六都莲塘围。今有陈璘墓，建于明万历年间，青砖灰砂砌筑，坐南向北，占地面积约 270 平方米。墓道两旁立有石狮、石马，前有石华表。但该墓受破坏严重，现仅存封土堆。

为了纪念陈璘，在今云安六都镇南乡大营村，建有龙崖陈公祠，以祀奉陈璘。该祠始建于明万历年间，因陈璘去世后追封为太子太保，故名。祠为二进院落，四合院式布局。主体建筑为硬山顶，砖木构筑，占地约 1000 平方米。祠内原供奉陈璘及其历代祖先神位。②

在罗定市罗平镇，有“陈璘陂”，又称“将军陂”，是当年陈璘在任职三罗地区时组织当地民众所建造，解决了当地的水利问题，开垦了富裕的罗平盆地，使当地民众安居乐业。

---

① 管林主编：《广东历史人物辞典》，广州：广东高等教育出版社，2001 年，第 412—413 页。

② 杨森主编：《广东名胜古迹辞典》，北京：北京燕山出版社，1996 年。

二

检视陈璘一生，他具有中华民族英雄所具有的许多优秀传统，具有维护国家统一、爱国主义、民惟邦本、增进民族团结、保一方平安，以及亲仁善邻、协和万邦和兼善天下等传统思想。作为一位封建时代的地方官员，他有许多建树，受到民众的拥戴与推崇，得到朝廷的欣赏，官职升迁大，管辖地方多，忠于职守，尽心服务。他善于处理民族问题，疏解矛盾，发展地方经济，为稳定三罗地区的社会、民心，做出了历史贡献。特别是他受朝廷派遣，率广东水师援助朝鲜抗击日本发动的侵朝战争，并取得了决定性胜利，建立了历史功勋。“援朝抗倭”是他一生中最重要、最精彩、最有历史价值的一页，为中韩人民所颂扬。

但是，客观地说，在云浮、在广东，以至在全国，由于历史原因，对陈璘的宣传、纪念和研究都没有引起足够的重视，远远没有与他的历史贡献、历史影响相适应。许多新编地方志书、辞典、百科全书等著作中，对其或介绍简单，语焉不详，重点不突出，或记述史实有歧义，引起争议，或甚至完全没有陈璘的内容。

1995 年 11 月出版的《广东百科全书》第 128 页有“陈璘率广东水师援朝抗倭”条目，而没有介绍陈璘个人的条目。

1996 年 4 月出版的杨森主编的《广东名胜古迹辞典》第 1035 页有“陈太保祠”和“陈璘墓”两个条目。

有一些著作虽有记载陈璘的条目，但却在记述过程中交代不清，有意无意带进了有争议的话题，极易引起争议。如《中国历代人名大辞典》[①]

---

① 张㧑之、沈起炜、刘德重主编：《中国历代人名大辞典》，上海：上海古籍出版社，1999 年。

第1357页，只记载陈璘是广东翁源人，没有提到他后来奉旨落籍广东东安（用这种记述方法的还有一些著作）。内载：陈璘“万历初，进署都指挥佥事，佥书广东都司。从总督凌云翼攻破罗旁瑶寨多处，迁副总兵。寻以在驻地大兴土木，役使军士，被劾夺官”。最后来一句：“有谋略，善将兵，然所至贪黩。”正面的、积极的史料没有很好突出，评价陈璘的笔法没有运用好、讲到位，特别是对三罗地区的稳定与建设的历史贡献、对统训广东水师的历史贡献、对釜山败倭的历史贡献等，都或只言片语，或一语带过，甚至干脆不记，却记述了一些有争议、含糊不清的内容，给陈璘历史留下“尾巴”，给后世研究出了难题。当然，作者的记述也是有根据的，主要引自《明史》卷247、列传第135卷《陈璘传》。[①]问题是如何客观界定功过，如何充分利用新的研究成果，如何准确运用文字评价有杰出历史贡献的人物。对中国封建时代历史人物的记述与评价，秉笔直书、客观公正是原则。《明史》陈璘传也记述了不少陈璘的功绩，如累立战功、平定三罗，更不用说釜山平倭了。准确评价一个人的历史是非功过，史笔千斤重，应该全面客观分析史实，突出正面形象，落墨定调要慎之又慎。

还有一部《中国历史大事典》[②]第772页，有一“援朝抗倭”条目，全文约520字，记述时间从明万历二十年（1592年）五月至万历二十六年（1598年）十一月，前后六年多。万历二十六年十一月釜山南海关键一役，陈璘做出了重大贡献，文中却只是提及明总兵麻贵。在本书第773页，设立“釜山南海之战”条目，文中仅仅提及陈璘“率水师联合朝鲜军队，与日军大战于釜山南海”一语，然其重点用意还是突出总兵麻贵。

---

① 上海书店编：《二十五史·明史》，上海：上海古籍出版社，1986年。
② 张海鹏主编：《中国历史大事典》，济南：山东大学出版社，2000年。

特别是有不少比较权威的工具书类的著作，完全没有陈璘的相关内容。如上海辞书出版社出版的《辞海》（1979年版缩印本，1980年8月第1版），没有介绍陈璘的条目，也没有介绍陈璘指挥釜山抗倭海战取得重大胜利的条目。

新编《广东省志》96部分志中的《人物志》[①]，古代人物入志的也没有陈璘传。《广东省志》的入志人物，重点选择本省自1840年以后有代表性的人物。凡入志人物都是通过各地、各行业、各系统广泛推荐的，能否入志，各地的倾向性意见尤为重要。全部名单经过几上几下，多次讨论，最后确定16方面的人物，共立901个传、记述907人。应该说，如果地方没有推荐名单上来，一般比较难列入《广东省志·人物志》。

这里列举的部分资料，只是想说明：陈璘的历史作用、历史贡献和历史地位，远远没有被充分肯定。这里固然有历史原因，也有社会原因，同时也与云浮本地对陈璘的宣传、研究、推介或多或少存在一些不足分不开。历史上，国内外（包括韩国）对陈璘的确有过有一些争议和误解，对他的英雄形象造成一定的不利影响。但是，只要秉持辩证唯物主义和历史唯物主义的原则，在占有丰富史料的基础上，加以科学的梳理分析，不难发现，不少问题是历史的误会，或是统治阶级内部官场互相倾轧的结果，有些是扩大化、丑化的结果。我也曾经拜读过一些为陈璘辩护的文章，但总觉得还不够深度，主要是还缺乏关键、过硬、权威的史料，做出令人信服的结论。要文化自信，就要占有丰富、客观的史实，对史料要深挖细找，让英雄形象牢牢固固树立起来，并引为自豪。这个功夫不能省。陈璘是一位具有坚定维护国家统一、协和邻邦、守望相助、与

① 广东省地方史志编纂委员会编：《广东省志·人物志》，广州：广东人民出版社，2002年。

邻为善的崇高传统风尚的杰出人物和民族英雄。他的历史贡献和历史地位，是经受了历史考验的，我们要用坚实可靠的史料阐释他，证实他，宣传他，学习他，树立崇敬英烈、扬善识恶的良好社会风气，这对历史虚无主义也是有力的批判。

三

习近平总书记强调："没有高度的文化自信，没有文化的繁荣兴盛，就没有中华民族的伟大复兴。"坚定中国特色社会主义道路自信、理论自信、制度自信，说到底是要坚定文化自信。2014 年 7 月，习近平总书记访问韩国，在首尔大学发表讲演，曾高度评价陈璘的事迹和历史贡献。

云浮市地处广东中西部、西江中游以南，物产丰富，地灵人杰，人文资源十分丰富。古代如此，近现代亦如此。陈璘是明代杰出人物，虽然过去了几百年，但他的爱国精神彰显了中华民族英雄气概，永世长存。这种充分体现中华民族优秀文化传统的精神，永远激励人们为了建设繁荣富强的新中国，在中国共产党的坚强领导下，不断艰苦奋斗，奉献人生，做新时代的奋斗者。在树立"四个自信"过程中，树立文化自信，是引导广大干部群众进行新长征，投身于建设新时代中国特色社会主义事业必不可少的重要举措，具有特殊的现实意义和深远意义。对中华民族英雄的精神，要学习它，弘扬它，传承它。

在云浮历史上，还有不少著名人物，他们的思想文化历史遗产，对丰富中华民族优秀传统做出了各自的贡献。唐代禅宗六祖慧能是举世瞩目的佛教著名代表人物。民间有浓厚的龙母崇拜。古代尚有南朝陈的建立者陈霸先（503—559 年，云城区有衣冠冢）、明代广东总兵张元勋（郁南连滩镇）、农民起义领袖凌十八（1819—1852 年，罗定罗镜镇）等。近现代主要有黄花岗七十二烈士之一李晚（1879—1911 年，云安思劳），革命烈士陈剑夫（1891—1928 年，云安腰古镇）、谭其镜（1904—1927 年，罗定罗城），中国工人运动早期领导人邓发（1906—1946 年，云城），新中国成立后担任过对外贸易部长的叶季壮（1893—1976 年，新兴船岗镇），全国政协副主席蔡廷锴（1892—1968 年，罗定罗镜镇），等等。毫无疑问，加强对他们的生平历史、思想和特质文化元素的研究，讲好他们的故事，特别是红色故事，对深化云浮人文精神建设，增强人民群众的文化自信，树立社会主义核心价值观，激发爱党爱国爱乡热情，聚集力量一心一意建设新时代云浮，是必不可少的。

还有一位郁南籍人士曾乃祯，就是著名的郁南无核黄皮传种人。他创造了郁南的农林拳头产品，拓宽了郁南发展绿色经济的道路，绿水青山也是金山银山，他对郁南的经济社会贡献不能低估。如何宣传推介这种爱乡爱国精神，做好纪念工作，也应该引起各级党政领导和全社会的充分重视，不要忘了他们的历史贡献。

四

为了进一步加强对陈璘及云浮一大批历史文化杰出人物优秀精神遗产的宣传、保护、利用和研究，在这里提几点肤浅的建议，供参考。

（一）围绕“举旗帜、聚民心、育新人、兴文化、展形象”的使命任务，要高度重视打造“陈璘文化”的工作。陈璘生活在封建社会的明代，距今近五百年，存世资料十分有限，现在要搜集有关他的资料有不少困难。几年来，云浮云安、罗定等地在打造“陈璘文化”方面已经做了大量工作，取得丰富成果，但总体上内容分散多，重复多；文字多，图片、实物少；利用旧资料多，挖掘新资料少；一般研究者的文章多，专家学者有深度、有权威的研究文章少。可以说，有关陈璘的许多有深度的、感人的事迹还没有被挖掘出来；将英烈精神内化于心、外化于行的社会风气还没有广泛形成。市、县（市、区）有关部门应牵头整合宣传、文化旅游、教育、档案、地方志，以及研究会、宗亲会等相关部门、组织的力量和资源，深入调研，齐心协力，为陈璘出版更多、更综合、更详细、更完整和更权威的生平事迹专著，整理出版他的文集，永彰史册，供全社会学习、宣传、推介和研究。目前，有关陈璘的研究还有不少短板，甚至有不少基础问题也还没有完全搞清楚。如他奉旨落籍东安，许多著作都没有提到，而这一基础性史料，却是云浮宣传陈璘至关重要的根据。所以要引起真正重视。至于对陈璘一些不实的负面评价，要组织权威专家力量集中研究，以客观公正的立场和观点，实事求是进行研究，得出科学结论，撰写论文，有针对性地回答有争议的问题。不要怕引起争议，学术争论越活跃，就会越辩越明，得出正确结论。陈璘研究中，有不少课题还比较模糊。如最简单的关于他的生卒年和年龄，至今起码有四种说法：一说是五十六岁（《广东名胜古迹辞典》，但没有标明具体生卒年）；一说六十四岁（1543—1607 年，广东云浮陈氏宗亲会资料）；也有说七十一岁（1467—1538 年，《中国历代人名大辞典》）；这次研讨会邀请函是采用七十五岁说，即 1532—1607 年。这四种说法，应该说各有依据，但其中出入较大。陈璘究竟什么时候出生，什么时候去世，有多少岁，这些信息好像还比较悬。在历史人物研究中，人物生卒年不是小问题，实际上涉及历史人物的许多重大活动和经历，是最基础的生平事迹要素之一。援朝抗倭是明万历二十六年（1598 年）开始的，如果按七十一岁说（1467—1538 年），此时他已去世足足 60 年，这一硬伤实在令人难以置信。其实，要搞清楚陈璘的生卒年应该不会很困难，这也正说明对陈璘的研究极有深化的必要，也是当务之急。

（二）建立健全党委领导、政府负责、部门协同、社会参与的工作格局，加快陈璘纪念园、博物馆、故居和祠堂等的建设与维修，以及环境整治等的硬件建设，加大财政投入，建立必不可少的纪念平台。陈璘祖籍翁源县，后奉旨落籍东安。对他在东安的居住地乡镇、祖居地、墓祠等，要结合新农村建设，进行必要的道路建设、环境整治，加以维修保护。而建立纪念园，可以设立反映陈璘事迹的雕像群，建立英雄生平事迹介绍长廊；竖立纪念碑一方，记述英雄生平和建立纪念园始末，永垂纪念；建立碑廊，收集有关诗文、墨宝和碑刻；等等。还可以在图书馆内设立“陈璘图书专柜”等。以民族英雄事迹教育人民群众和青少年一代，把陈璘爱国主义精神培植于人民群众中，使之家喻户晓，人人皆知。

此外，可以按照云浮市、云安区实际情况，建立以陈璘冠名的道路、学校、书院、图书馆、文化中心和博物馆等公共设施，扩大知名度。

（三）深化宣传教育工作，弘扬英烈精神，树立社会主义核心价值观。主要工作包括：

1. 云浮市、云安区、罗定市等县（市、区）的宣传、文化旅游、教育等部门充分利用报刊、广播、电视、网络和宣传栏等阵地，加强对陈璘事迹的宣传；建立“陈璘文化大讲堂”，邀请专家学者开辟陈璘专题讲座、访问，进图书馆、博物馆、学校、老干部活动中心、机关、社区、工厂及文化中心等进行面对面宣讲，讲好陈璘故事，讲好云浮故事，让“陈璘文化”家喻户晓，人人皆知；活跃民间文化艺术创作，开展以宣传陈璘为主题的征文比赛、美术作品比赛、摄影作品比赛、微影视作品比赛、诗词创作比赛、书法作品比赛、知识竞赛和讲故事比赛等，并进行评奖、奖励，形式多样、生动活泼地宣传陈璘事迹，诠释“陈璘文化”的核心精华，号召大家尊贤向学、发扬光大中华民族传统的爱国主义精神，激发大家的家国情怀。

2. 教育、文化等部门要对青少年、儿童加强思想政治工作，开展学习英雄事迹的教育，在学校设立“学英雄讲座”，宣传家乡的英雄、先贤，让青少年“知本知根”，引导他们从小开展“爱英雄、学英雄”活动，发扬光大英烈精神，学习陈璘敢于斗争，善于斗争，弘扬正气，树立风清气正、朝气蓬勃的新时代中国特色社会主义精神风貌，奋力开展文化强市建设。

3. 做好有关资源的开发利用工作，深化研究工作。加强对陈璘故居、书院、宗祠和墓地的保护，做好著作诗词整理出版，创造条件，认真准备申报材料，争取评为县（市、区）、市级，甚至省级文物保护单位、爱国主义教育基地、文化活动基地等，教育广大干部群众，特别是青少年一代努力奋斗，共同谱写新时代云浮更加绚丽多彩的篇章。要建立一支优秀的历史人文研究水平较高的队伍，沉下气来，勇于坐冷板凳、钻故纸堆，突破陈璘研究中的热点、难点、短板，将陈璘研究引向纵深，理直气壮树立陈璘的爱国主义英雄形象，正本清源，以正视听，消除陈璘研究中的分歧。

同时，要重视有关陈璘的非物质文化遗产的收集、整理与利用工作，向县（市、区）、市，甚至省文化和旅游部门申报非遗保护项目。总之，对“陈璘文化”的保护利用工作，要作为一项系统工程来抓，科学论证，综合规划，有序开展，严谨把关。

4. 结合实施乡村振兴战略，扎实布局陈璘家乡的建设，科学规划，统筹安排。做好区镇内宗祠、古桥、古塔、古井、书院等古建筑、古驿道的保护与利用工作；发挥山水强项，整合山区资源，发展特色产业，落实乡村振兴战略、精准扶贫，改善农村人居环境，发展经济；引导群众因地制宜，发展种植业、养殖业、林木业、药材、土特产、手工产品等，发展乡村旅游、休闲运动旅游、森林旅游、夏令营、亲子活动等，发展民宿、农家乐、水果上山等，把陈璘家乡建设成美丽乡村，“让群众望得见山、看得见水、记得住乡愁”。

有关景点、遗址遗迹开展旅游经营，要科学规划路线，全盘布局，尽量与红色景点、绿色景点、传统人文景点和自然优势景点等结合起来，打包推介，彰显云浮和各县（市、区）丰富的历史文化资源和高昂的文化自信。

（四）加强民间对外交流合作，讲好云浮故事，不断增强文化软实力。学习外地，特别是韩国纪念陈璘的各项工作的成果与经验，如征集史料做法、研究成果、纪念方式方法等。在韩国南部沿海城市丽水，至今仍保存了不少为纪念陈璘而设立的村、庙、碑、井、公园等。要密切与韩国友好城市联系，加强加深与韩国民间、学术界的交流，互相了解，学习观摩，吸取成功的做法，交流研究成果和史料等，共同做好纪念陈璘的工作。

陈璘祖籍翁源的一些做法也是可取的，很值得学习借鉴。要虚心学习他们的认识、做法和经验，提高对陈璘及其遗址遗迹、历史功绩、著作等文化遗产的宣传、保护、利用和研究的水平，共同打造广东的“陈璘文化”。云浮、韶关两地加强合作，共同与韩国开展民间交流，争取更多更大的成果，让他们进一步了解广东，了解云浮，推动中华优秀传统文化对外传播，促进各项事业的合作与发展。

陈璘“贪与贿”辨析

——以《明史·陈璘传》为中心

颜广文

（华南师范大学教授）

陈璘是明朝万历年间有名的大将。陈璘生平战功大致可分三大阶段。他早期主要在广东境内参与了一系列平叛战争，中期参与并指挥了万历年间援朝抗倭战争的“壬辰之役”，晚期参与了平播、平苗之乱。明朝所谓的“万历三大征”[①]，他参与了两个，并立下赫赫战功。《明史·陈璘传》一方面给予陈璘极高评价，而另一方面又指摘陈璘在三个阶段中均有失操守。陈璘果真如《明史》所说，道德操守有严重缺失，又抑或另有原委？真相如何？尚待逐一辨析。

一、陈璘的“贪”

《明史·陈璘传》指摘了陈璘在广东境内一系列平叛战争过程中“贪黩”严重。《明史·陈璘传》载：“璘有谋略，善将兵，然所至贪黩，复被劾褫官，废久之，朝士多惜其才，不敢荐。”[②]

陈璘怎样贪黩？《明史·陈璘传》主要举出了陈璘任副总兵署东安

① 万历三大征分别指宁夏之役、壬辰之役，以及平播之役。

② 张廷玉等：《明史》，北京：中华书局，1974 年，第 6405 页。

参将时的“劣迹”。《明史·陈璘传》载：“时东安初定，璘大兴土木，营寺庙，役部卒，且勒其出赀。卒咸怒，因事倡乱，据州县，为巡按御史罗应鹤所劾，诏夺璘官。”[①]但细读此史料，我们并不能认定陈璘“贪黩”！陈璘的过失只是因“役部卒，且勒其出赀”，引起“卒咸怒，因事倡乱，据州县”。陈璘并没有中饱私囊，顶多就是急于求成，行为过当，完全不能构成“贪黩”罪名！《明史·陈璘传》据此便下结论指陈璘“贪黩”，实在是逻辑思维混乱。

相较于《明史·陈璘传》的牵强，明清广东史料的记载则大多是语焉不详，这包括多个版本的《广东通志》《韶州府志》和《罗定州志》。倒是明人瞿九思在《万历武功录》对此事经过有较详尽记录。

罗定东山兵变发生在万历十一年（1583年）初。《万历武功录》卷之三《罗定东山叛兵列传》载：“东山者，东安县也。万历丁丑，罗旁既平定。上幸用廷臣议，议以东山为东安。建参将一人，于时陈璘以副总戎秩到官管事。居五六年，癸未，东山建关王庙、长春寺，璘调营兵三百人，令出金钱二百两。诸营兵皆大怒曰，既罢（疲）力以作之，奈何复竭囊以奉之乎？”[②]遂引发兵变。当时，原广东巡按御史罗应鹤转任京畿道提学御史，交任已毕，人在途上，走至广东边界南雄，忽有罗定兵备佥事侯应爵派人持书追上告知。随后又有东安知县陈公大也派人状告陈璘。本来，此事已与罗应鹤无关，但罗应鹤似乎找到表现的机会。回京后，罗应鹤即“上书劾奏，璘虚冒兵饷，岁五千两，鱼盐岁六千余两。而大司马张学颜乃请比盗沿海军饷法。诏狱”。[③]陈璘几乎就要被查办。

① 张廷玉等：《明史》，北京：中华书局，1974年，第6405页。

② 瞿九思：《万历武功录》影印本，北京：中华书局，1962年，第331页。

③ 瞿九思：《万历武功录》影印本，北京：中华书局，1962年，第333页。

但是，严办主张遭到朝野众多大臣的反对。万历皇帝几经思量，“恐临敌易将，徒令陈璘以得去为幸。而代者以新任为辞”，“于是，议以璘戴罪管事”[①]，反倒将告状者问罪，陈璘上司罗定兵备佥事侯应爵罪名是：“爵与璘同官，既不发其贪暴，奈何又从而掩复乎？”“侯应爵竟以新迁参议秩，贬一等”，受到降职处分。另外，附从告状者东安知县陈公大“罚俸半年”[②]。陈璘属下刘宗汉等将领分别予以处分了事。此后，陈璘在新任总督郭应聘、总兵黄应甲、继任总兵戚继光督率下以迅疾之势，平定了叛乱。即万历十二年，兵部下文：“念陈璘在罗旁久劳苦。至所劾虚冒五千无验，所受礼金一百九十余两，鱼米多索价五百七十余两，皆追给归帑。于是，以多斩叛兵，亦除罪。上从之，诏以故职管事如初。”[③]《明实录》对此事也有记载：“万历十一年四月戊辰，巡按广东御史罗应鹤题，分守东山副总兵管参将事陈璘扣减兵饷三个月，又调兵三百抬木起盖庙寺，众兵怨恨激变，劫掠四五州县之间，罗定兵备佥事侯应爵、东安知县陈公大玩寇遗患，并宜加惩。上谓，陈璘虐军致变，革了职戴罪管事，立功自赎。侯应爵降一级调用，陈公大罚俸半年，流劫叛兵，着郭应聘作速相机处置，毋得玩寇贻患。”[④]又载：“万历十二年三月甲辰，兵部复广东抚按郭应聘等查勘原任东山副总兵陈璘兵变情由，上以其先定罗旁功及擒斩叛兵，准赎罪免赃，复原职。”[⑤]《明实录》与瞿九思《万历武功录》对此事的记录大略相同。

---

① 瞿九思：《万历武功录》影印本，北京：中华书局，1962年，第333页。

② 瞿九思：《万历武功录》影印本，北京：中华书局，1962年，第333页。

③ 瞿九思：《万历武功录》影印本，北京：中华书局，1962年，第334页。

④ 李国祥、杨昶主编：《明实录类纂》广东海南卷，武汉：武汉出版社，1993年，第347页。

⑤ 李国祥、杨昶主编：《明实录类纂》广东海南卷，武汉：武汉出版社，1993年，第348页。

用数据说话也可证罗应鹤弹劾的虚妄。陈璘挂副总兵衔署东山参将，明代广东总兵一员，副总兵实职也只有一员驻潮州，陈璘能挂副总兵衔代表了地位相当高，但陈璘实职只是署东山参将，管辖职权实在有限。《罗定州志》载："罗定自万历五年升州设两县，设兵备道辖参将二员。至二十四年裁参将一员。设东安守备一员，管兵五百四十六名。"[①]明代驻广东士兵主要分班军和轮戍两种。班军每月的军饷"汉官达官每员九斗，汉舍达舍每名六斗"；轮戍"月支行粮每名米四斗五升折银一钱五分七厘五毫，鱼盐各二斤折银四分，共银一钱九分七厘五毫。"[②]换言之陈璘手下仅有 546 名官兵，每名士兵月饷大约只有二钱至四钱之间。陈璘怎样贪，怎么虚冒克扣军饷，也绝对不可能达到"虚冒兵饷，岁五千两"！晚明罗定全州一年，"鱼苗饷银二十八两"，"盐埠共银二百九十六两七钱零七厘"[③]，罗应鹤弹劾陈璘侵吞"鱼盐岁六千余两"更是离谱。

依瞿九思《万历武功录》所记，"至所劾虚冒五千，无验"已足以说明罗应鹤弹劾"璘虚冒兵饷，岁五千两，鱼盐岁六千余两"是不实诬告。最后认定陈璘"所受礼金一百九十余两，鱼米多索价五百七十余两"，似乎比较接近事实。

罗应鹤诬告陈璘巨贪与当时朝野政治斗争有关。明代广东社会长期动荡，各类民变兵变不断，到了嘉靖、隆庆年间，朝廷对广东几近失控。朝野惊呼："朝廷已无广东矣！"[④]万历初年，内阁首辅张居正下定决

①中国社会科学院图书馆编:《稀见中国地方志汇刊》第 74 册《康熙罗定州志》, 北京: 中国书店, 1992 年, 第 1127 页。

②中国社会科学院图书馆编:《稀见中国地方志汇刊》第 74 册《康熙罗定州志》, 北京: 中国书店, 1992 年, 第 1054 页—1055 页。

③《苍梧总督军门志》, 北京: 全国图书馆文献缩微复制中心, 1991 年, 第 153 页。

④ 张居正:《张太岳集》, 上海: 上海古籍出版社, 1984 年, 第 307 页。

心彻底解决广东问题。张居正先后派出亲信殷正茂、凌云翼出任两广总督，殷、凌二人到任，通过平叛，重建政权，发展经济，逐渐恢复广东社会秩序。[①]史称：殷正茂治下“岭表略定”[②]，凌云翼治下“岭表悉定”[③]。陈璘正是由殷正茂、凌云翼两位总督提拔，从都指挥佥事经游击将军、参将，升至副总兵，一跃成为较高级别的军事将领。[④]在一般人眼中，陈璘自然也是张居正政治集团或靠近张居正政治集团成员之一。万历十年，张居正去世，朝野政敌开始对张居正及张居正政治集团清算。一切“务反居正所为”。[⑤]殷正茂是重点清算对象之一，罪名首选是贪黩。“张居正卒之明年（万历十一年），御史张应诏言，正茂以金盘二，植珊瑚其中，赂居正，复取金珠、翡翠、象牙馈冯保及居正家人游七。正茂疏辨，请告，许之。”[⑥]殷正茂爱将陈璘自然也在清算之列。于是就有了御史罗应鹤对陈璘“虚冒兵饷，岁五千两，鱼盐岁六千余两”每年贪污巨万的诬告。陈璘的冤情最终得白，一是靠他确实能战，屡立战功；二是得到当时两广总督郭应聘、广东总兵戚继光的重用，戚继光正是张居正政治集团重要成员，日后，陈璘也常常兼带领戚家军余部征战中外。万历十二年，所谓陈璘激起罗定东山兵变一案平息，《明史·陈璘传》载：“既而获贼，乃除罪，改狼山副总兵。”[⑦]

还有一些事例可以说明陈璘并不贪财。万历二十六年，陈璘获得入

---

① 关于张居正与广东社会秩序重建，可详见拙作《张居正治粤方略评析》，载《历史档案》2000 年第 4 期。

② 张廷玉等：《明史》，北京：中华书局，1974 年，第 5859 页。

③ 张廷玉等：《明史》，北京：中华书局，1974 年，第 5861 页。

④ 陈璘与殷正茂关系可参见瞿九思《万历武功录》卷三《广东》。

⑤ 赵翼：《廿二史札记》，北京：中华书局，1984 年，第 804 页。

⑥ 张廷玉等：《明史》，北京：中华书局，1974 年，第 5860 页。

⑦ 张廷玉等：《明史》，北京：中华书局，1974 年，第 6405 页。

朝抗倭机会。陈璘的战功和威名，引起了朝鲜君臣的高度重视。初次见面，朝鲜国君宴请他后送上厚礼。陈璘只收下少量人参、绵绸、绵纸等土产，“余附归璧，肃此为谢”[①]，主动放弃了收受厚礼的机会。入朝抗倭期间，陈璘还严格约束部下，严禁军队侵扰朝鲜百姓，在入朝明军诸部纪律最严。陈璘与朝鲜大将李舜臣联合作战。李舜臣提出：“天兵以陪隶视我，人即无忌惮，幸许以便宜禁断，则两军无事矣。”陈璘答应了李舜臣的监督军纪权力。据说在李舜臣的严厉管束下，“天兵畏舜臣过于璘”。[②]中朝两军纪律严明，确保了战争的胜利。

二、陈璘的“贿”

《明史·陈璘传》有两则陈璘曾向上司行贿的记录，第一则发生在援朝抗倭“壬辰之役”期间。《明史·陈璘传》载：“二十年，朝鲜用兵，以璘熟倭情，命添注神机七营参将，至则改神枢右副将。”神机营即禁军火器部队，神枢营也是京师部队，副将已是神枢营主将，可见皇上及兵部对他的倚重。“无何，擢署都督佥事，充副总兵官，协守蓟镇。明年正月诏以本官统蓟、辽、保定、山东军，御倭防海。”至此，陈璘全面负责起京畿地区海陆军事，并随时准备统领大军入朝作战。但此时，朝鲜战事忽然中途转入和谈阶段。“会有封贡之议，暂休兵，改璘协守漳、潮。”更为严重的是，此时兵部尚书石星检举指控陈璘曾向他行贿。于是，陈璘“坐贿石星，为所奏，复罢归”。[③]

石星检举指控陈璘向他行贿了些什么珍稀物品呢？据《万历邸钞》

① 吴晗辑：《朝鲜李朝实录中的中国史料》，北京：中华书局，1980 年，第 2505 页。
② 李舜臣：《李忠武公全集》，韩国：景仁文化出版社，1988 年，第 234 页。
③ 张廷玉等：《明史》，北京：中华书局，1974 年，第 6405 页。

载："（万历二十一年十二月）兵部尚书石星奏发私馈，参潮州副总兵陈璘馈送大红天鹅绒、大绿天鹅绒各一端。西洋布二端，犀杯二副，抱龙苏合丸。封。"[①]《万历邸钞》源自邸报，即政府公告，应该可信。从石星揭发行贿清单来看，价值最高的应是天鹅绒。从明代史料粗略统计有：殷正茂任两广总督时送张居正天鹅绒，张居正又将之转送太后作坐垫[②]；沈惟敬亦曾购天鹅绒送万历帝[③]；加上陈璘送石星。可见，万历年间把天鹅绒作为礼品送给达官贵人可谓屡见不鲜。天鹅绒原是西洋动物羽毛织品，明中期传入广州。据说："广南尚羽毛纱缎，悉携自番舶，以出贺兰（今译荷兰）者为上，红毛诸处亦有贩至者。""今粤地亦制羽毛绉，以丝织成之，颇适于用。"[④]既然广东人已学会生产，价格自然下降。当时就有人指出沈惟敬送万历帝的天鹅绒是广东地产之物，"天鹅绒即广东剪绒"，"亦天朝常有之物"，"何足为重"。[⑤]指沈惟敬涉欺君之罪。

石星为何检举指控陈璘向自己行贿？要澄清这段史实确不容易。史料残缺是客观原因。当事人之一的陈璘，在《明史·陈璘传》就只此一句话。另一当事人石星则《明史》无传。史料的分析也是个问题。明代党争激烈，各类奏章大多偏激，野史虽偶有谈及也难称公允。还有，石星检举指控陈璘向自己行贿是明代官场罕见的极端行为，完全有违明代官场的潜规则，石星为何行此毒辣手段欲置陈璘于死地？这都须进一步分析。

在"壬辰之役"决策中，陈璘与石星产生了对立性分歧，这是石星检举指控陈璘行贿的主要原因。万历二十年，倭寇发动侵朝战争，攻陷

---

① 《万历邸钞》，扬州：广陵古籍刻印社，1991 年，第 816 页。
② 张廷玉等：《明史》，北京：中华书局，1974 年，第 5860 页。
③ 谈迁：《国榷》，北京：中华书局，1958 年，第 4793 页。
④ 李调元：《南越笔记》，广州：广东人民出版社，2006 年，第 269 页。
⑤ 《万历邸钞》，扬州：广陵古籍刻印社，1991 年，第 1041 页。

首都平壤，朝鲜李氏王朝国君李昖向明朝政府求救。接报，明朝万历皇帝决定出兵抗倭。任命兵部尚书石星居中统筹调度，任命宋应昌为经略、赴朝主帅，并寄希望明朝大军一至，倭寇迅即土崩瓦解。但在战争的实际过程中，中朝联军与倭寇互有胜负，战争进入相持阶段，速战速决的战略决策落空。万历二十一年四月，倭寇派出所谓求和使节。是战是谈？明朝万历皇帝下令兵部尚书石星牵头，召集“九卿台省会议封倭”。会议从早到晚，“人人皆瞪石公，莫肯先发一语”。讨论陷入僵局。于是，石星擅自主张主和并以会议决议形式上报皇帝。[①]此后，为达到和谈，石星不择手段打击以宋应昌为首的主战派。战争最激烈时，宋应昌不断致书催促石星必须增兵，宋应昌说：“烦将节次请讨陈璘、刘綎官军速发辽东以助接应，若再迟缓，一有误，谁任其咎？”[②]但石星以各种借口一味拖延拒绝。和谈期间，宋应昌曾反复告诫石星，倭寇求和并不可信。“关白名虽求贡，实欲明年窥犯中国。”[③]他提出必须在倭寇完全撤出朝鲜后，明军才可撤军；而且，必须在朝鲜保有足够震慑倭寇的军事力量，要随时做好战争准备。在多次劝阻无果下，万历二十一年六月，宋应昌还越过内阁和兵部，上《讲明封贡疏》[④]直接向皇帝申诉了自进兵朝鲜以来兵部支援的不力，申明了自己不支持和谈的态度和反对撤军。皇帝没有采纳宋应昌的建议，这却激化了石星的仇恨，他唆使御史弹劾宋应昌，诬告宋应昌“以二十万金媚倭”。[⑤]当时就有人替宋应昌鸣冤，

① 赵南星：《味檗斋文集》，上海：商务印书馆，1936年，第422页。
② 宋应昌:《经略复国要略》, 北京: 全国图书馆文献缩微复制中心, 1990年, 第387页。
③ 宋应昌:《经略复国要略》, 北京: 全国图书馆文献缩微复制中心, 1990年, 第958页。
④ 宋应昌:《经略复国要略》, 北京: 全国图书馆文献缩微复制中心, 1990年, 第883页。
⑤ 宋应昌:《经略复国要略》, 北京: 全国图书馆文献缩微复制中心, 1990年, 第1246页。

统计朝廷支付战争的所有拨款才“仅二十一万五千两”，又何来“二十万金媚倭”？[①]为达成与倭和谈，石星还釜底抽薪肢解宋应昌的抗倭后续部队。“李承勋兵留山东，陈璘兵夺蓟镇，沈茂兵中途遣还浙。”宋应昌长叹：“令我以疲卒挡锐师，抑徒手杀贼耶！”[②]百般无奈，宋应昌只好同意撤军。途中，宋应昌“称疾笃，不能还朝”，辞归故里。[③]本来，“陈璘兵夺蓟镇”已被贬回广东，但石星还怕陈璘东山再起，竟追检指控陈璘曾向他行贿，致陈璘被罢官。

此后，石星还抬出万历帝来企图压制不同意见。万历二十二年十一月朝议，南京兵部尚书孙鑛，曾任朝鲜经略，了解战争实情，对和谈提出不同意见。石星竟恐吓道：“孙鑛，议封贡之臣。皇有旨，有不奉旨阻挠的，奏来拿问。但有腾架浮言，败坏封事，着厂卫衙门多差兵校，严行缉拏重治。”[④]万历二十四年五月，御史曹学程上言：“倭情已变，封事宜停。”他也遭到“拿解来京究问”！[⑤]然而，纸终究包不住火。倭寇和谈只是缓兵之计，以便积蓄力量，万历二十五年，倭寇悍然再次发动战争，和谈彻底失败。石星当然是罪魁祸首。万历二十五年八月，“执石星法司量罪”。同年九月，“论石星大辟，妻子发烟瘴之地永戍”。[⑥]相反，“封事败，起璘故官统广东兵五千援朝鲜。明年二月擢御倭总兵官”，“寻令提督水军”，他指挥中朝水师在露梁海与倭寇决战，立下不朽战功，成为一代名将，抗倭民族英雄。援朝抗倭“壬辰之役”结束，“论功，

① 宋应昌:《经略复国要略》,北京:全国图书馆文献缩微复制中心,1990年,第1246页。
② 宋应昌:《经略复国要略》,北京:全国图书馆文献缩微复制中心,1990年,第1243页。
③ 宋应昌:《经略复国要略》,北京:全国图书馆文献缩微复制中心,1990年,第1245页。
④《万历邸钞》，扬州：广陵古籍刻印社，1991年，第869页。
⑤《万历邸钞》，扬州：广陵古籍刻印社，1991年，第956页。
⑥《万历邸钞》，扬州：广陵古籍刻印社，1991年，第1064页。

璘为首”，“进璘都督同知，世荫指挥佥事”。[1]陈璘在战争中的作用得到充分肯定。

《明史·陈璘传》还有陈璘向上司行贿的另一则记录。《明史·陈璘传》载，“壬辰之役”结束，“师甫旋，会有征播之役，命璘为湖广总兵官”，陈璘参与了“万历三大征”中的平播之役。战争中陈璘统率大军三战三捷，直捣敌巢，《明史》载，经此一役，“贼尽平”。[2]随后，陈璘又平定湖广贵州交界苗乱，“诸苗悉平”[3]，明朝政府的西南少数民族地区得以稳定。战后，“兵部尚书田乐推璘镇贵州，给事中洪瞻祖遂劾璘营求”。洪瞻祖揭发：“征播时，璘投贿李化龙家。会刘綎使为化龙父所麾，璘使走。”这段史料大致是说，陈璘和刘綎曾都派人同时向当时主持平播之役的湖广总督李化龙送礼，刘綎送礼使者在前，结果被李化龙父亲轰走，陈璘使者在后，见状悄然退出。换言之，陈璘就是送礼未成，说严重点是行贿未遂。后来，“化龙疏于朝，綎获罪，璘独免”。有理由相信，李化龙的上疏主要目的是要驯服大将刘綎。《明史·李化龙传》载：“化龙具文武才。播州之役，以刘綎骄蹇，先摧挫之而荐其才，故綎为尽力。”[4]陈璘只是连带也被论及。万历帝“以璘东西积战功，卒如乐议”。[5]陈璘他还是当回贵州总兵。万历三十二年，叙平播州功，陈璘“加左都督，世荫指挥使”，得到了明代武将所能得到最高职位和奖励。万历三十四年，陈璘改任广东总兵。万历三十五年（1607 年），陈璘卒于任上，“赠太子太保，再荫百户”。[6]

---

① 张廷玉等：《明史》，北京：中华书局，1974 年，第 6406 页。
② 张廷玉等：《明史》，北京：中华书局，1974 年，第 6407 页。
③ 张廷玉等：《明史》，北京：中华书局，1974 年，第 6407 页。
④ 张廷玉等：《明史》，北京：中华书局，1974 年，第 5986 页。
⑤ 张廷玉等：《明史》，北京：中华书局，1974 年，第 6408 页。
⑥ 张廷玉等：《明史》，北京：中华书局，1974 年，第 6408 页。

三、余论

通过上述，应该已经大致还原了《明史·陈璘传》记录陈璘贪与贿的真相，但怎样给陈璘的这些贪与贿定位？

首先，贪与不贪，大贪与小贪是一个相对的概念，它是随着历史环境变化而变化的。明初，社会贫瘠百废待兴，加上朱元璋出身贫苦，痛恨贪官，重典治国，制定严法，严惩贪官污吏。故《大明律》规定：贪赃枉法者，“一贯以下杖七十，一贯之上至五贯杖八十，一十贯杖九十，一十五贯杖一百……八十贯绞”。[①]不枉法赃者惩处轻一些，“一贯以下杖六十，一贯之上至十贯杖七十……一百二十贯罪止杖一百，流三千里”。[②]《刑台法律》还附了贯银折算，一百二十贯“值银一两五钱”。[③]可见，明初官员贪赃枉法一贯已是重罪，白银一两五钱即是大贪，是要处以绞刑的！但是法贵适中，太严则无法执行，等于无法。到了明中后期，《大明律》治贪之法则形同虚设。清朝史家赵翼早有定论，“明代官俸最薄”[④]，如果不贪，只依靠俸禄，官员们连衣食温饱也难。如明朝“嘉万”年间，清官海瑞不贪，只有在县衙种菜以作帮补，偶一市肉，竟被视作市井新闻。海瑞曾长期任巡抚、侍郎等大官，死于任上，“贫无可给棺椁”，连棺材也是大家凑钱买的。[⑤]可以肯定，明代到了“嘉万”年间几乎无官不贪！因此，以《明史·陈璘传》所揭发陈璘在罗定任东山参将时贪黩，坐实只有“所受礼金一百九十余两，鱼米多索价五百七十余两”，实在算不

---

①《刑台法律》卷十二《刑律·受赃》，北京：中国书店，1990年，第16页。
②《刑台法律》卷十二《刑律·受赃》，北京：中国书店，1990年，第16页。
③《刑台法律》卷十二《刑律·受赃》，北京：中国书店，1990年，第16页。
④赵翼：《廿二史札记》，北京：中华书局，1984年，第750页。
⑤李贽：《续藏书》，北京：中华书局，1959年，第473页。

上大贪、巨贪！

其次，明代官场中贪与贿恰似一对孪生兄弟，彼此难分。在一般情况下，贪更多是为了贿，因为如果不向上司或握有权势的官吏行贿，势必难以生存。在明代，行贿变成官场潜规则之一，还美其名曰“贽仪”。明代以武力平天下，明初武将地位不低。此后，明代政策转向重文轻武，武将地位比同级、甚至低好几级的文官地位都低。即使贵为总兵、副总兵概莫能外。晚明史学家张萱《西园闻见录》卷六十九《将权》上说：“总兵，则上自总督下至通判、知县无不制之。”武将想要有所作为，就不得不向文职官员行贿。据说，陈璘出国参加援朝抗倭“壬辰之役”前就被当时的内阁大学士、次辅、吏部尚书张位索贿。给事中刘道亨在弹劾张位疏中说：“大学士张位黩货如蝇，宣淫如雀，皆恩如豺，蓄毒如蝎。吏兵升除，此职掌也，每次计缺，不下数十，多者千金，少者数百金。”当时正值“壬辰之役”，朝廷正倚重大将刘綎、陈璘，无一例外，张位也向他们索取。“刘綎以倭事调用，非常时比也，犹索其赤金八十两，宝石二块”，直到张位门客桂天香回复，赃物到手，“而后为之推毂”。“陈璘，以副将起用，寸功未见也，巧索其银一万两，大珠六百颗，托言打点，而，即优以挂印。”[①]刘道亨历数张位专权贪黩罪行，令人发指，但长疏万言，在此无法转录。必须注意，刘道亨此疏强调的是“索”字，大家知道，行贿与索贿性质根本不同，一个是主动，一个是被动。陈璘初任京职，人地生疏，只好尽量满足张位贪婪的要求。当陈璘被迫向最高级别、最有权势的张位送礼时，又怎能不向自己的顶头上司，同样掌握着自己命运的兵部尚书石星同样送上厚礼呢？

① 《万历邸钞》，扬州：广陵古籍刻印社，1991年，第1116页。

最后，《明史·陈璘传》为什么一方面反复记录陈璘贪黩，但另一方面在具体情节上又含糊不清呢？这里面应带上修史者的官方意图。清代统治者忌讳自己入关前的历史，所以什么夷呀狄呀虏啊尽量回避，这也是“壬辰之役”中众多主要人物石星、邢玠、宋应昌等传记阙如的主要原因。宋应昌的《经略复国要编》也因为“书名为复国，清廷不审内容而误解，列入禁书”。[①]清廷修《明史》的一个重要目的是证明清朝入关取代明朝的正当性、合法性，这就需要著述者利用手中权力有侧重地多选择性地记述晚明政治的黑暗。结果，把陈璘军旅生涯中的缺点放大，给后人留下一个贪黩将军的恶名。

瑕不掩瑜，陈璘仍旧是明朝最杰出的军事家之一、中华民族的民族英雄。

① 宋应昌:《经略复国要略》, 北京: 全国图书馆文献缩微复制中心, 1990 年, 第 1267 页。

明清以来粤西奉祀陈璘述略

刘正刚

（暨南大学古籍研究所所长）

陈璘，字朝爵，号龙崖，明代广东省东安县人（原籍翁源县），明代将领，著名的抗倭英雄。他早年率兵在广东各地活动，为稳定广东地方社会起到了重要的作用。嘉靖、万历年间，他在广东既有在沿海地区的抗倭事迹，也有在内陆山区的平瑶活动。他的抗倭行动属于保卫中国海疆的行动，由于其在中国海疆抗倭有方，万历年间，日本侵略朝鲜，试图入侵中国，中朝军队在屡战屡败之时，朝廷于万历二十六年，命陈璘率军出征朝鲜，他在露梁海之战中重创日军，大败石曼子，为壬辰战争的最后胜利立下头功，此战成为亚洲海战史上著名战役之一。万历二十八年，他又率军参与平定播州之役，为边境治安立下汗马功勋。陈璘在军事方面的功绩在中国乃至东北亚地区的历史上都留下了深深的刻痕。本文仅选取陈璘在粤西地区平罗旁瑶，设州立县，稳定地方社会中的功绩加以论述。他被粤西人民世世代代当作地方保护神加以祭拜，那么，粤西人民为何要世代祭拜陈璘？其墓葬是不是在粤西？粤西人民用什么方式祭拜陈璘？又有哪些地方传说来加深人们对陈璘的理解？这些问题，尽管有人涉及，但具体而专门进行讨论，似不多见。故本文抛砖引玉，以求教方家！

一、陈璘有功德于粤西

万历《大明会典》卷九《吏部》载："祭祀，国之大事。所以为民祈福，各府州县每岁春祈秋报二次祭祀，有社稷、山川、风云雷雨、城隍诸祠，及境内旧有功德于民，应在祀典之神，郡厉、邑厉等坛，到任之初，必首先报知祭祀诸神日期、坛场几所，坐落地方，周围坛垣、祭器、什物，见在有无完缺，如遇损坏，随即修理，务在常川洁净，依时致祭，以尽事神之诚。”

根据这一说法，陈璘显然是“有功德于民”。那么陈璘对于粤西地区的功德何在？撇开他率兵赴朝征战日本侵略者和事后又赴贵州平乱，对粤西百姓来说，其对地方社会的功德就是平定罗旁瑶乱，设立罗定州和东安、西宁两县，让当地人民从此过上了稳定的社会生活。据明万历时南京兵部职方司主事喻政撰《陈太保传》记载，陈璘大约从万历三年开始至万历二十六年出征朝鲜，几乎一直驻守在粤西地区：

> 陈公，讳璘，字朝爵，号龙崖，翁源县人……乙亥（万历三年）五月，进肇庆游击，再进参将。丙子（万历四年）四月，改高州，四赉白金。是年，大征罗旁，公独当信宜一哨，悬崖履险，躬冒矢石，先后俘获三千余人，他哨少与埒者。两山既平，创建一州二县。总督凌以为山林方启，宜畀公世守，以镇压之，遂奏公改为东山，升副总兵官，仍管参将事。公既入山，百凡经略善后，招集流亡，屯守城垣，公署、营堡、桥梁、道路，躬率畚锸，为将士先，披荆棘辟草莱，抚处瑶壮无不畏威怀德者，于是疆里贴然，井落成聚矣。两山事完。五赉白金。己卯（万历七年）六月，侍御龚公传檄出巡，为狼瑶所夺，公以片纸责之，瑶贼即完檄以归。泷水学吏赍印缴司，为江贼所掠，公亲率兵捕之，即获回原印。[①]

① 乾隆《翁源县志》卷7《艺文志》。

也就是说，从万历四年平定罗旁瑶，创建一州二县后，为了巩固这一胜利成果，两广总督凌云翼向朝廷请求，必须由陈璘驻守才能稳定地方。事实也证明，凌云翼是慧眼识人，陈璘治理粤西，受到了瑶、壮和汉人的一致拥护，于是出现“疆里贴然，井落成聚”的情况。陈璘也因此“世守”而可能落籍粤西。

万历十三年，番禺人，时任南京兵部郎中的方肯堂[①]所撰《东山副总兵陈公去思碑》的结尾处直接说：“公名璘，字朝爵，盖由韶之翁源，徙之东安云。”[②]此时陈璘尚在粤西，与方肯堂属同一时期，应该真实可信。也就是说，万历时期，陈璘已经迁居东安了。

陈璘有功德于粤西，但他本人把功德分散给他人。从他本人撰《罗旁善后功绩碑记》可知其对功绩的淡漠。但我们还是从同他同时代的人撰写的文字中，来看时人对他的评价。方肯堂《东山副总兵陈公去思碑》对陈璘的功绩给予了彰显。节引如下：

> 今天子在御之五年，既平东粤叛瑶，于是分罗旁为两山，各以参将一员领之，其东山则吾龙崖陈公也。初，龙崖公以参戎守高州，统信宜哨，大征罗瑶，功在诸将右。总督司马凌公谓：东山甫定，非公镇压不可，乃闻于朝，加公副总戎。自高州移镇焉。开府善后，凡九年而后有狼山之擢。去之日，兵民接轸，属瑶载道，咸依依然莫能释公也。……东山新镇，其兵则四募之兵也，其民则新聚之民也，其瑶则初附之瑶也。是遵何道能系人思，且思之斁一至此！嗟乎！兵虽四募，而公统御之有法也，民虽新聚，而公安养之有道也，

① 乾隆《番禺县志》卷13《选举志》。

② 康熙《东安县志》卷10《艺文志》。

瑶虽初附，而公绥服之有方也。其治军少有干三尺者毫不为贷，而平居抚循则若婴儿爱子。其畜众虽劳来安集固有司在，而兵民杂居，有敢视民一蔬一缕者，即如令。其抚瑶堤防曲制，潜消乱萌，而耕有田、居有屋，薪蒸猎射，人人自以为得其性。故虽劫印、夺檄，常肆不逞，而久之草薙禽狝，不延无辜，则诸瑶属思之矣。虽挈妻负孥，劬劳道路，而渐之左右慰止，生聚日繁，则诸众庶思之矣。虽骄卒悍兵，尝一跳梁，而旋就诛刈，余皆安堵，则诸兵士思之矣。盖终始九年之中，所以悉心竭智，一一可为石画，而其大见于此三者。今既去后，然余威道德，犹昭昭然，在人睹记，固宜其震怖而思慕，一至此也。……异时犹当尸祝、庙食，以识有永，独今日之思已乎哉！予既素熟公，又重诸君之请，于是藉其言而授之。

从方肯堂的记录可知，陈璘在东安、西宁和罗定一带九年，经过他的治理，瑶、汉各族心向国家，社会稳定。

陈璘在治理粤西地区的时候，还顺应民情，其中在东安县就为百姓修建佛教寺庵三座，据道光《东安县志》卷 4《外记》记载，万寿庵在石龙堡，万历年，陈太保建，国朝道光二年重修；北帝庙在王羌堡，万历年，陈太保建；大觉庵在六都，万历年，陈太保建。

二、陈璘墓在东安

万历三十五年陈璘去世，获赠太子太保，荫封为百户。葬于广东省云浮市云安区六都镇莲花山。中国传统社会一直强调人死后“落土为安”，而埋在何处，又意味着对家乡的认同，所谓叶落归根即是此意。因此，陈璘死后葬于何处，直接关系到他及其后人对家乡的认同感。那么，明清时期，地方文献记载的陈璘墓到底在何处呢？目前所见，最早记载陈璘墓的文献为现存康熙十一年刻本《东安县志》，主修为东安知县韩允嘉，在康熙十一年刻本《东安县志》卷1《舆地·丘墓》记载如下：

> 明陈太保公墓在六都莲塘围地。按陈公，名璘，韶州翁源人。开拓罗旁，迁守兹土，卒后葬此。子孙居南乡所，与墓相去四六里，丰碑坊表，杂峙禾黍之间，过者多为凭吊云。

编修者据实说陈璘是翁源人，但这个说法显然是指祖籍地，而非是陈璘及其后人对家乡的认同地。因为接着表述的文字可以证明陈璘及其后人是认同东安为家乡，即陈璘开拓罗旁后，“迁守兹土”。陈璘“子孙居南乡所”，表明其家族至少在康熙年间已经发枝散叶于东安县。康熙十一年版本《东安县志》不仅记载陈璘墓在该县六都，而且在《艺文志》中收录陈璘《罗旁善后功绩碑记》时，则直接说“邑人陈璘”，这一说法表达了东安官员的认可。

康熙十一年《东安县志》的说法，几乎成为定论。因为康熙三十六年刻本《广东通志》卷24《陵墓》的记载，则反映了广东最高官员的认可，引述如下：

> 明太保陈璘墓，在（东安县）六都莲塘地。按陈璘，韶州翁源人，开拓罗旁，迁守兹土，卒后葬此。子孙居南乡所，与墓相去四五里，丰碑坊表杂峙禾黍之间，过者犹思栉沐云。

康熙《广东通志》的纂修者为两广总督金光祖。他承认陈璘是翁源人，则明显是说陈璘的祖籍地。可见，至少在清前期，广东官民都认同陈璘死后葬在东安县六都莲塘。

这一说法还被两广总督阮元纂修的道光二年刻本《广东通志》卷228

《古籍略》所继承，但道光《广东通志》则注明是引述《大清一统志》，其记载如下：

明陈璘墓，在东安县北六都莲塘围，去南乡所四五里（大清一统志）。陈璘，韶州翁源人，开拓罗旁，迁守兹土，卒后葬此。

有意思的是，阮元引用的《大清一统志》则是嘉庆年间朝廷官修的，代表着国家的立场。查嘉庆《大清一统志》对陈璘墓的记载有两处，一处是卷444记载，明陈璘墓在翁源县东；另一处卷457记载，明陈璘墓在东安县北六都莲塘围。

不过，嘉庆《大清一统志》的说法，并未被广东各级官员所接受。嘉庆末年，阮元正在两广总督任期内，但他纂修的《广东通志》中却只接受了陈璘墓在东安县的说法，而对陈璘墓在翁源县的说法则没有收录。那么阮元的做法合理吗？答案是肯定的。

之所以说答案是肯定的，是因为我们可以从清代东安县和翁源县两个地方官主修的县志中得到说明。即在康熙之后的历代《东安县志》几乎都收录了陈璘墓。

乾隆五年《东安县志》刻本由东安知县庄大中主修。在乾隆《东安县志》卷1《建置》记载如下：

明太保陈璘墓在六都莲塘围。按陈太保开拓罗旁，迁守兹土，卒后葬此。子孙居南乡所，与墓相去五六里，丰碑坊表杂峙禾黍之间，过者犹思栉沐云。

乾隆五年庄大中的说法，被道光《东安县志》卷1《古迹》一字不差地抄录，兹不赘引。但从中可以反映东安官员接续康熙十一年县志的说法，而且地方官员也没有必要为此造假。这说明，陈璘死后葬于东安县应该是不容置疑的事实。

如此，则乾隆和道光的《东安县志》均有陈璘墓的具体位置，然而查康熙、乾隆和嘉庆《翁源县志》却无陈璘墓的记载。翁源县有关陈璘墓的记载，直到同治十三年刊本《韶州府志》卷26《古迹略》才记载说："明赠太子太保陈璘墓在（翁源）县东。"但这个记载明显有点牵强。因历代《东安县志》记载陈璘墓时都记载到具体的村落，但《韶州府志》却模糊说在翁源县东，而该志在陈璘墓后接着记载的为"国朝翰林院检讨李林墓在（翁源县）城南郊松冈"，则明确有具体的地点。因此，只能说《韶州府志》的编者对陈璘墓在何处不详。

三、粤西遍祀陈太保

有关粤西官民奉祀陈璘的记载，最早见于现存的康熙二十六年刻本《东安县志》卷11《备考》中，引述如下：

> 总兵陈璘，广东翁源县人，万历五年七月任加副总兵衔，升狼山副总兵，历升左都督，赠宫保，崇祀名宦（祠）。有传。生祠在县治东，三栋六间两廊。

明清时期，入祀名宦祠，要经过一定的程序，即在本地任职时，勤政爱民，有德业之官员，逝后由当地士民举荐，经总督、巡抚，会同学政审核批准，才能将其牌位入祀于所在州县的名宦祠。该州县官员于春、秋两季带领本地士绅祭祀。也就是说，陈璘入祀名宦祠是经过官民一致同意的。而生祠则是说，陈璘在世时，东安百姓已经在县治东建立祠堂祭拜他了。

康熙二十六年刻本《东安县志》的说法，也被乾隆三十年刻本《翁源县志》卷6《人物》所肯定。该志为陈璘立传，陈璘智勇兼全，精忠报国，“入祀东安名宦祠。至今，罗旁以东士民奉为陈太保庙，祀甲于岭西”。但该志并没有说翁源县有太保祠或太保庙。

按照乾隆三十年《翁源县志》的说法，东安在乾隆时期已经存在太保庙。但翁源县出现太保祠则晚至嘉庆年间。据嘉庆二十五年刊本《翁源县新志》卷10《胜迹略》记载：

> 陈太保宅在昆山铺龙田内，枕青云山，筑城垣如半月，周围二里许，太保祖祠及太保祠，咸在焉。祠悬明世宗赐联：“辟土开疆功盖古今人第一，出将入相才兼文武世无双。”太保平定罗旁瑶贼，开创罗定一州东安、西宁二县，皆有太保庙，奉祀若神，至今子孙繁衍，分处于一州二县内者为多。

其中的明世宗赐联，应该是明神宗赐联之误写。至于这一赐联首先出现在何处，并无说明。但如果从太保祠最早出现在东安县来看，该联应该首先出现在东安县的太保庙中。而且嘉庆《翁源县新志》也承认，在陈璘开创的罗定州和东安、西宁二县，均有太保庙存在，而且其分布在一州二县的子孙也繁衍壮大。

粤西人民祭拜陈璘，除了在万历年间就建立生祠外，可能是在崇祯年间，又将陈璘的生祠改为太保庙，此记载见于嘉庆二十五年刊本《翁源县新志》卷12《人物略》：陈璘大征罗旁瑶后，创一州二县，“璘之力居多”，死后，“崇祯八年入祀东安名宦祠。至今罗旁以东士民奉为陈太保庙，祀甲于岭（四）（西）”。

那么，乾隆和嘉庆时期纂修的《翁源县志》一直强调的东安陈太保庙祭祀甲于岭西，一方面说明粤西地区有众多的陈璘庙宇，另一方面又说明东安的陈太保庙是最著名的。

我们通过方志记载，大致可以了解清代粤西地区祭拜陈璘的庙宇分布情况。

一是专祠，即以祭拜陈璘为主的庙宇，如康熙二十六年《罗定州志》卷 9《闾里志》记载，“青同街，旧有太保祠”。所谓“旧”大致是指此祠在明清鼎革之际已经被毁，而修志时尚未重建。又如乾隆《东安县志》卷 1《建置》记载，“陈太保祠在县治东，祀都督陈璘”。民国《罗定州志》卷 4《营建志》记载，“太保庙在南门内兴贤街，祀太保陈璘，康熙二十八年重修，有碑，漫漶不可辨”。

二是附祀在其他神庙中，如康熙《罗定州志》卷 2《建置志》记载：“包公祠在城外雄镇墟开元寺左边，一座三间，堂外丹墀丈余，门楼一座。崇祯十七年通州士民为知州包公尔庚建。顺治十四年，琼州兵学道署罗定道事林公嗣环，于院后增建一座三间，为明太子太保陈璘公祠。”民国《罗定州志》卷 4《营建志》记载：“包公祠在南门外雄镇墟开元寺左，明崇祯十七年通州士民建，祀知州包尔庚。清顺治十四年署罗定道林嗣环于祠后增建一座，祀陈太保璘，后人遂并祀嗣环。”

西宁县祭拜陈璘也是附祭在他庙中，据道光《西宁县志》卷 5《建置志》和民国《西宁县志》卷 6《营建志》记载，安定祠在城东门内关帝庙左，道光七年邑人建，“祀明总督凌云翼、兵备副使赵可怀、太保都督陈璘、广东总兵官张元勋、广西总兵官李锡，盖皆平定罗旁，有功于民者，故立祠祀之”。又有“建中庙在镇南都排阜洞心圆独墩，康熙六十年武举陈孟宰倡建，祀关公、陈璘、咸丰元年教职陈虞昌增建，兼祀文昌”。

罗定州南门内兴贤街的太保祠几乎成为该州的地标，民国《罗定州志》卷 3《营建志》在记载该州的一些建筑时，均以太保祠为坐标，如：“罗阳书院旧为文明书院，在南门内太保祠西南，州人士捐建。康熙十七年署兵备道戴锡纶修。”“文帝庙在城内兴贤街太保庙前。”“福音堂在城内太保庙右，清光绪三十一年美国教士建，外设女校，内建洋楼，传布耶教。”

四、与陈璘相关的传说

粤西地区从明清时期以来，就在民间社会流传着与陈璘相关的故事。一些故事因此而进入文献之中。如光绪《信宜县志》卷1《舆地志·山川》记载：

> 云黑岭在新图云堂甲，去城东北九十五里，上有马路。相传为陈太保所开，若遇阴雨，闻炮响与鼓乐，是年必丰云。
>
> 案《明史·陈璘传》万历间，讨罗旁，分十道大征。璘时官高州参将，奉檄从信宜进兵，后以功累擢总兵官。卒，赠太子太保云云。然则云黑岭，或璘当日经开之路，而所称官爵，似亦为璘也。

信宜是万历初年陈璘率兵征剿瑶乱的要地，故当地流传的故事，显然与兵马有关。而兵马进发又与道路开拓密切关联，最后演变为在此路听闻炮响与鼓乐，则成为当地丰收之征兆。在今天的信宜市贵子、怀乡等村镇，还有陈太保庙，供乡民祭拜陈璘。当地民间传说，陈璘在征剿罗旁瑶时，担任先锋官，从信宜出发，征瑶胜利后，在贵子设函关哨所，在怀乡设西宁巡检司。至今陈太保庙仍香火鼎盛。庙内墙上挂着陈璘肖像图，名为《陈璘受降图》。

最有意思的是，在距离罗定州较远的阳山县，也有关于陈璘的传说，而且这些传说又与祭拜的庙宇有关。乾隆《阳山县志》卷18《祠庙》记载，当地祭拜的陈都庙有五处之多，而当地百姓对陈都为何人，甚少了解。编者由此给出的解释，则与陈璘取得了联系。

陈都庙，一在琶迳，一在汉塘闸，万历年建。一在五贤坑，康熙二十八年建。一在田畔水，明时建。一在樊村阜，像从水中浮来，遂建庙以祀，康熙三十三年修，雍正九年又修。

相传所祀者为明两广总督陈轮，韶州翁源人，因征瑶有功，赐敕十三道，封钦天侯伯。按：明两广总督并无陈轮，惟考翁源有陈璘，嘉靖四十年献策军门，率兵平翁源、乳源、英德诸贼，又征罗旁、开建，剿牛宁水及广西岑溪瑶贼，皆有功，累官至左都督。或者讹璘为轮，相仍不改欤。

分布在阳山乡村中的陈都庙，很明显是乡村民众的自发行为。对于民众来说，他们无需要知道祭拜的对象姓字名谁，但这个神一定要灵验。从一县有五个庙来看，陈都庙应在百姓中有一定的威望，成为大家竞相祭拜的对象。

在今天的云浮市及其所辖的地区，民间社会仍流传大量有关陈璘的传说。这些传说展示了陈璘在这一地域从善除恶、大智大勇的历史形象，其中如火烧茅棚、献蚊求帐等即是。而陈璘在此驻军设防，因此而留下了诸如马岗山、官渡、旧所等地名山名，钱杆舞、禁打五更、擂茶粥、天所茶等。围绕陈太保庙出现的太保庙炮会等则成了当地的社会风俗。“陈璘传说”，最终被列为广东省非物质文化遗产。

结语

2014 年 7 月，习近平总书记在韩国国立首尔大学演讲时说：“400 多年前，朝鲜半岛爆发壬辰倭乱，两国军民同仇敌忾、并肩作战。明朝邓子龙将军和朝鲜王朝李舜臣将军在露梁海战中双双殉职，明军统帅陈璘今天还有后人生活在韩国。”这是站在国家的立场，对陈璘等中朝将领抵抗外来侵略者所做出的评价。若站在地方百姓，尤其是站在粤西地方百姓的立场看，陈璘对地方社会稳定、经济发展所做的贡献，至今仍嘉惠这一地区的人民。他从临时驻防到扎根粤西，最后长眠于东安，其精神仍在粤西民众中传播，其为官造福百姓的事迹，仍会激励后来者。而地方官民对他的报答就是世世代代地建立陈太保祠专门祭拜他，或附祀在其他神庙中祭祀。历史再次证明，为官一方，造福百姓，将会永远活在人民的心中。

从《粤大记》看爱国名将陈璘的历史定位

周永卫

（华南师范大学教授）

摘要： 明代著名广东籍史学家郭棐，为人正派，为官清廉，为史严谨。他的史学名著《粤大记》给予陈璘以很高的评价，将陈璘与历史上汉代的赵充国，三国的关羽、赵云和唐代的郭子仪等名将相提并论。作为曾经官居二品，又与陈璘同一时代的史家，这一历史评价和定论，是十分公允和恰当的，可信度高，说服力强，足以推翻《明史》对陈璘评价不高的结论，弥足珍贵，值得我们发掘和研究。明代抗倭名将陈璘将军的英雄事迹，因为种种原因，长期被埋没被低估的现状亟待改变。

关键词： 《粤大记》；郭棐；陈璘；人物评价

明代抗倭名将陈璘将军的英雄事迹，因为种种原因，长期被埋没被低估。《明史》卷247《陈璘传》中“璘有谋略，善将兵，然所至贪黩，复被劾褫官”的记载，更是使陈璘背上了“贪黩”的罪名和污名，被后人误解。张廷玉的《明史》虽然是官修史书，但成书于清乾隆四年（1739年），比陈璘生活的年代晚了130多年，可信度是值得怀疑的。笔者查阅相关史料，发现明代广东籍史学家郭棐的史学名著《粤大记》中有关陈璘的传记，十分重要。为论述方便，现全文摘录如下：

> 陈璘者，韶之翁源县人。初从军门张臬征潮州地方，擒贼林朝曦等有功，充把总官。以摧锋陷阵，骁勇冠军，累奏奇捷。万历元年，升广东都司佥事。剧贼诸良宝狂獗，一鼓平之。三年五月，升肇庆游击，进剿富霖等寨有功，迁参将。军门殷荐其“胸中无一毫

窥避，平生惟一片雄心，可当飞将之名，堪备副总之选”。十一月，获贼首邓胜龙等，荣钦赏银币。寻征罗旁，斩获二千九百余颗。以东山参将本年八月升东山副总兵。陆续剿抚瑶狼数十巢峒，斩获贼颗一千二百五十九名口。两院荐，蒙钦赏银十五两。十年三月内，以条画两山事宜，钦赏银十两。寻被论闲住。未几，两广军门萧彦荐其“身经百战，气雄千夫”，推升右军都督。二月内，兵部题以原官协守宝坻海防副总兵。寻升潮漳副总兵。未几，吏科给事中祝荐其堪备总兵之选，又以岑溪功次授前军都督府。随奉改水兵游击，进据朝鲜古今岛，夺险扼倭西向，节经督兵于鹿岛等处海战，擒斩一百一十余名颗。又于露梁洋、昆阳、昌善大战，三捷，攻破南海巢、锦山等处，前后擒斩一千二百余名颗，生擒大倭帅平正成等三十五名，斩获大倭酋石曼子等二十七颗，烧毁倭舡八百余艘，溺死倭贼二万有余。总督经略尚书邢玠等荐其“恩威素孚士卒，忠义可质鬼神，当特升荫以答殊勋”。本年闰四月，兵部会推，奉圣旨：陈璘充广西总兵官，挂印镇守等。又经查勘东征，刑科给事中杨荐璘“报国誓捐七尺，摧锋力敌万人，恢复金广之境土而还之朝鲜者四将，互相犄角，而璘为首。升荫俱候圣裁”。随该兵部议设偏桥总兵，以璘调补。奉旨：赐敕提督汉土官兵，速赴地方。随以兵部叙朝鲜功次，奉旨：实授都督同知，荫一子本卫指挥佥事，世袭，赏银六十两，纻丝四表里。时已星夜驰抵偏桥，料理播事。二十八年二月十二日，发哨征进，至六月初六日，攻破偏官险寨，逆酋杨应龙畏威自缢，生擒酋妻田氏及子杨朝栋等，先后斩逆贼六千九百三十三名颗，俘获二千一十三名，招抚一万二千二百七十六名，杨氏一门尽被擒俘。抚院江一麟报捷琉谓：“璘成功有六善焉：自用兵以来，有胜无败，养三军全力，一也；捕得奸细刺客，威惠并行，即用为乡导，知贼路径，出其不意破之，贼疾雷不及掩耳，二也；独据后屯，断贼汲水之路，而绝其奔逸之门，胆可包身，识见出人意表，三也；攻屯之时，多设排栅，攻一步则增一栅，迫近贼巢，我之火器能攻彼，彼之弓矢不能及我，贼失其险，四也；起建敌台，与窠相等，贼檑木炮石，不能下击，五也；分日改图，师不再举，获成全尸，擒贼眷属，歼贼党羽，收贼印信，遣将献俘，六也。其征剿前后首功共一百万五百有奇，不矜不伐，有德有猷，真可谓大将矣。”予尝评公勇义如关云长，老练如赵充国，胆气如赵子龙，谋略如郭尚父。非天福我明，曷从生此名将耶？

外史氏棐曰：文以黼黻，武以勘定，不可一废，而越甲骁雄，自昔称之。予稽梅鋗逾台岭谒沛公，从入武关破秦，何其壮也。摇毋余、胡害皆以功封侯，其光粤峤有足多者。郑严、田甲首义归心；毕取、吴霸坚志效力，亦皆汉之隽也。杨平、阮谦之从征林邑；冯盎、宁纯之各保封疆；侯安都起自里豪，卒列爵土，足称人杰，乃不能守之以谦，惜哉！何邦佐识时知命，高皇帝以豪杰称之，封伯赐券，诚一时奇遇，视李廷珙之迎宋师，异代同芳，而李质亦足媲美，并为开粤功臣。近有陈将军璘，勇气冠军，赤心报国，扫倭丑以护朝鲜，擒播酋以安巴蜀，洵桓桓虎臣哉！著之于篇，彼冯盎、侯安都诸人，当敛锋退舍。《诗》曰：“方叔元老，克壮其犹。”又曰：“经营四方，告成于王。”其陈将军之谓耶！①

《粤大记》作者郭棐（1529—1605），字笃周，号梦菊，广东番禺人，年轻时曾师从著名的岭南大儒湛若水。嘉靖四十一年（1562年），他33岁，

① 郭棐：《粤大记》卷26，广州：中山大学出版社，1998年，第767—769页。

中进士，初授户部主事，寻改礼部。穆宗即位，次日就传出要封赏七夫人。御札出，棐据理力争，纳还，曰：“方今先帝庙号未尊，中宫母仪未正，而遽有此举，何以示天下？”封赏夫人的事情硬是被郭棐给阻挡下来。辅臣高拱以专擅为时指摘，私下问郭棐说；“人言可畏，都说我太专横，我有什么办法？”郭棐竟然回答道：“如果众人都不能容忍你的专横，就说明你确实需要改变过去的做法，更需要宽宏大量。”高拱听了很不高兴，他从此得罪了高拱。郭棐因此以祖母年事已高，需要奉养为名，请求辞职返乡，并同时提出开设史局，重用于谦的后人，将薛瑄、陈献章入祀孔庙等十项建议。他的建议都被朝廷采纳，他辞职申请未获批准，而被任命为夔州知府。他在任上，劝课农桑，兴建书院，选拔优秀学子，亲自教授。万历五年（1577 年）他被委任为四川提学。在首辅张居正大权在握之时，他刚正不阿，不卑不亢，表现出士大夫应有的气节。万历二十三年（1595 年），郭棐以光禄寺正卿身份致仕还乡。返回广州后，他闭门著述，笔耕不辍，在退休后的十年时间里写下了《广东通志》《粤大记》《四川总志》《夔州府志》《岭海名胜记》《梦菊全集》等著作。他是明代著名方志学家和历史学家，其著述深受学界好评。他与黄佐并称为明代广东著名方志大家。

郭棐为官清廉，为人正派，著书立说也是以史圣司马迁为楷模，秉笔直书，不虚美，不隐恶。在《粤大记·自序》中，他提出了自己撰写史书和方志的原则和理念：“昔贤云：史者，万世是非之权衡也；志者，郡国是非之权衡也。其所是者，必天下之公是，而不敢诳以为是；其所非者，必天下之公非，而不敢诬以为非。有似是而非者，则亦不得梔蜡而饰以为是也；有似非而是者，则亦不得罗织而诋以为非也。昔司马迁称良史，论者犹讥其是非颇谬于圣人，况未望迁眉睫者乎！是故必公是公非，不虚不隐，而后可无愧于月旦之评也。”

郭棐年长陈璘 14 岁，两人生活于同一个时代，作为广东籍官员同朝为官，一文一武。郭棐官至云南右布政使，属于从二品高官，有机会接触到明朝官方的重要文件档案，而郭棐致仕开始写作《粤大记》之时，正是万历朝鲜战争期间，他写陈璘传记，所用材料都是当事人的奏章、书信等一手材料，可信度极高。

军门殷荐其“胸中无一毫窥避，平生惟一片雄心，可当飞将之名，堪备副总之选”。军门殷就是两广总督殷正茂。两广军门萧彦荐其“身经百战，气雄千夫”。总督经略尚书邢玠等荐其“恩威素孚士卒，忠义可质鬼神，当特升荫以答殊勋”。 刑科给事中杨荐璘“报国誓捐七尺，摧锋力敌万人，恢复金广之境土而还之朝鲜者四将，互相犄角，而璘为首。升荫俱候圣裁”。 杨是指杨应文。抚院江一麟报捷疏谓：“璘成功有六善焉：自用兵以来，有胜无败，养三军全力，一也；捕得奸细刺客，威惠并行，即用为乡导，知贼路径，出其不意破之，贼疾雷不及掩耳，二也；独据后屯，断贼汲水之路，而绝其奔逸之门，胆可包身，识见出人意表，三也；攻屯之时，多设排栅，攻一步则增一栅，迫近贼巢，我之火器能攻彼，彼之弓矢不能及我，贼失其险，四也；起建敌台，与窠相等，贼檑木炮石，不能下击，五也；分日改图，师不再举，获成全尸，擒贼眷属，歼贼党与，收贼印信，遣将献俘，六也。其征剿前后首功共一百万五百有奇，不矜不伐，有德有猷，真可谓大将矣。”郭棐在一千多字的陈璘传记中，引用了5位当事人对陈璘的评价，最后得出他自己顺理成章，水到渠成的结论：“尝评公勇义如关云长，老练如赵充国，胆气如赵子龙，谋略如郭尚父。非天福我明，曷从生此名将耶？ ……近有陈将军璘，勇气冠军，赤心报国，扫倭丑以护朝鲜，擒播酋以安巴蜀，洵桓桓虎臣哉！著之于篇，彼冯盎、侯安都诸人，当敛锋退舍。《诗》曰：‘方叔元老，克壮其犹。’又曰：‘经营四方，告成于王。’其陈将军之谓耶！”

综上所述，明代著名广东籍史学家郭棐，为人正派，为官清廉，为史严谨。他的史学名著《粤大记》给予陈璘以很高的评价，将陈璘与历史上汉代的赵充国，三国的关羽、赵云和唐代郭子仪等名将相提并论。作为与陈璘同一时代的史家，这一历史评价和定论，是十分公允和恰当的，可信度高，说服力强，足以推翻《明史》对陈璘评价不高的结论，弥足珍贵，值得我们发掘和研究。

抗倭英雄陈璘为何“埋名”？主要原因有：清朝几百年对陈璘的英雄事迹有意回避；韩、日突出宣传本国历史人物轻视陈璘功绩；明朝史书对陈璘评价存在歪曲事实内容；广东人低调务实的性格让英雄寂寂无名。[①]离开云安和翁源，又有多少中国人知道陈璘？与上了教科书的副将邓子龙相比，主将陈璘一直寂寂无闻。露梁海战成就了邓子龙、李舜臣的英名。他俩虽为陈璘的副将，但身先士卒，壮烈牺牲。“死者为大”，特别给予宣传和褒扬是很正常的。李舜臣在明朝援军抵达之前，顶住倭寇进攻，深受陈璘尊重，陈璘称他“有经天纬地之才，补天浴日之功”。李舜臣殉国后，朝鲜王国对他的尊崇已经到了神化的程度。在今天的韩国，他与檀君、世宗大王并列为三大历史伟人，他的头像也出现在100韩元的硬币上。他被奉为战神，韩国还拍摄了电影《不灭的李舜臣》。丰臣秀吉不只在日本，在世界历史上都“赫赫有名”，他在统一日本全境、发展经济、完成日本社会从中世纪向近代转化、使日本脱离中华文化等方面，声名显赫。这些与默默无闻的陈璘，形成了鲜明的对比，值得深思。

近年来，云安方面一直致力于陈璘文化的宣传和推广工作。主要做了4件大事，可以用“馆”“传”“书”“园”4个字概括。2008年建设了颇具规模的陈璘史迹展览馆，免费向公众开放。“陈璘传说”成功申报为省级非物质文化遗产，成为云安三项省级非物质文化遗产之一。

---

① 谭海清：《英雄为何“埋名”》，《小康》2014年8月中，第24—28页。

2010 年出版《抗倭英雄陈璘》，该书作者黄学佳，全书 4.7 万字，属于岭南文化知识书系丛书之一种，由广东人民出版社出版。从省上争取到文化产业专项资金 500 万元，在陈璘当年安营扎寨的地方——千年古镇富林，建起陈璘文化主题公园。[①]

笔者以为，在宣传陈璘，弘扬陈璘文化方面，我们还有许多工作要做。我们应该学习借鉴兄弟省市的经验，比如培养一支当地研究宣传陈璘的人才队伍，培养一批致力于弘扬陈璘文化的有情怀的企业家，设立弘扬陈璘文化传承奖、成就奖，千方百计增加陈璘文化元素，比如设立陈璘纪念中学等。

为英雄正名，还历史公道。让陈璘的英名与戚继光、邓世昌一样家喻户晓，妇孺皆知，是我们义不容辞的责任。

① 张玉荣：《拨开历史迷雾，还原真实的陈璘——对话云安县文化广电新闻出版局局长李妍姬》，《小康》2014 年 8 月中，第 30—33 页。

从明代名将陈璘的戎马生涯探其事功及精神

衷海燕、廖茂传

（华南农业大学教授、华南农业大学硕士）

陈璘，明嘉靖至万历年间著名抗倭将领，原籍广东翁源县，后因任官而举家落户东安县（今云浮市云城区、云安区）。陈璘一生戎马，拥有着极为辉煌的军事生涯，他亲历大小战役不下百次，从广东到朝鲜半岛，再到贵州都留下了他的战斗足迹。作为“万历三大征”中“援朝抗倭”与“平播之役”的亲身参与者，陈璘在两次大规模战争中都有着极为出色的战场表现，战功显著，特别是在朝鲜战场上抗击日本军队的胜利给他带来了“抗倭名将”的声誉，并使他走向了军事生涯的巅峰。毫无疑问，陈璘具有杰出的军事才能，他凭借着战场上的表现，十多年内连升十多级，最终官拜一品，是明代广东地区最为出色的武将之一，也是明代广东历史代表人物之一。作为“抗倭名将”，陈璘的影响不仅仅在中国，还到了东亚地区甚至世界。本文将着眼于陈璘的军事生涯，从其较为重要的历次军事活动中探析其功绩，并提炼其精神。

一、自强不息的奋斗精神：从平民出身到朝中重臣

要对陈璘的军事生涯进行分析，我们首先得了解他的出身，从而更为完整清晰地呈现出一位历史名将的人生轨迹。但是关于陈璘的出身，我们知之甚少，《明史》里的记载只有“陈璘，字朝爵，广东翁源人”[①]

① 张廷玉等：《明史·陈璘传》，北京：中华书局，1974年，第6404页。

寥寥数字。除了籍贯信息之外，我们无法确切得知陈璘家庭背景及早年经历如何。除了《明史》，我们还可以从翁源县地方志的记载中获得一些资料："陈璘，字朝爵，号龙崖，少娴将略，膂力绝伦。"[①]以及喻政《陈大将军传》记载："少倜傥有大志，不事家人产，膂力绝伦，好任侠，结交多贤杰，相与谈剑术，讲韬略，尽得其秘。"[②]县志这两处记载虽较《明史》而言内容稍稍丰富，但是其中也没有过多提及陈璘家庭出身。从上述资料中我们虽然无法得知陈璘出身背景如何，但是却可以获得一些陈璘早年的个人信息。比如陈璘少便有远大志向，并且对为将之法颇为娴熟，个人膂力绝伦，还好结交任侠豪杰，喜欢与他们交谈剑术韬略，等等。这些内容主要是介绍了陈璘个人的长处、性格与交往，不过这也告诉我们少年陈璘已经具有一定的军事才华，无论是"膂力绝伦""有大志"还是"娴将略""讲韬略尽得其秘"，可以说这些个人长处成了他往后在军旅中得以取得成功的重要因素。

无论国史还是方志记载都未谈及陈璘家庭及科举功名，由此可以推论得知，陈璘并非出身于豪门大户，甚至他也没有功名在身，只是一个普通百姓。作为一个出身平凡的普通人，陈璘在没有外力帮助的情况下，在十几年的时间内完全靠着自己在战场上所立下的功绩，从民间布衣到成为当朝一品武将，这在历史上也是较为少有的，可见其奋斗之不易与个人经历之传奇。

作为一名出身平民的将领，陈璘的成功正是源于他自强不息的奋斗。据《翁源县志》记载，在剿灭林朝曦、林朝敬为首的贼兵的过程中，陈

① 《广东历代方志集成·（嘉庆）翁源县志》卷12《列传·陈璘》，广州：岭南美术出版社，2009年，第247页。

② 《广东历代方志集成·（康熙）翁源县志》卷7《艺文志·陈大将军传》，广州：岭南美术出版社，2009年，第442页。

璘曾单骑前往贼寇之中，对贼众晓谕以朝廷威信，随后“诸党皆散”，他促进了贼乱的剿平。[①]

在南韶贼寇李富、卓文昌的叛乱中，分巡冯佥事被俘，贼索赎金于官府，“军门错愕，计无所出，公愿以身代质”。[②]陈璘不惧贼寇，独自一人进入贼巢并甘为人质，以成功赎换回冯佥事，这大大体现了陈璘英勇无畏的精神。

总督凌云翼大征罗旁，陈璘领兵进攻信宜之地，该地“悬崖严险”，但是陈璘作为带军将领并没有退缩，“躬冒矢石，先后俘斩三千余人，他哨少与将者”。[③]不仅没有因为地势之险峻而畏惧，陈璘所率军队反而在诸路大军中战功最巨。

前往朝鲜抗击入侵的日本军队时，陈璘身先士卒，与日军浴血奋战，据《东安县志》记载，在露梁海战中日本炮矢齐发，明军邓子龙、朝鲜将领李舜臣都壮烈牺牲，陈璘所在船只左右二将也都中炮而死，但是陈璘面对残酷的战局并无半丝惧色，而是显得异常冷静，并迎头而上对敌船发炮还击。[④]日本将领行长面对明军刘綎的进攻，不敌而溃逃，“各倭将悉力西援行长，总兵陈璘即身先将士，鼓众大战，铳死大倭将石曼子，又生擒一部将，其焚溺死者无算”。[⑤]陈璘不仅协助刘綎击退日本援军，还在海战将日本大将石曼子击杀，足见其战斗之勇猛。日军在中朝两军

---

①《广东历代方志集成·（康熙）翁源县志》卷7《艺文志·陈大将军传》，广州：岭南美术出版社，2009年，第443页。

②《广东历代方志集成·（康熙）翁源县志》卷7《艺文志·陈大将军传》，广州：岭南美术出版社，2009年，第443页。

③《广东历代方志集成·（康熙）翁源县志》卷7《艺文志·陈大将军传》，广州：岭南美术出版社，2009年，第444页。

④《广东历代方志集成·（康熙）东安县志》卷9《名宦志·太保陈龙崖公传》，广州：岭南美术出版社，2009年，第68页。

⑤《明实录·神宗实录》卷329，上海：上海书店，1982年，第6085页。

进攻之下接连败退，再次退守乙山，愈匿愈深。“乙山川盘踞，崖深路险，比锦山尤甚”，面对士兵们因为地势险而不敢进的状况，身为总兵官，如同当年广东信宜一战一样，陈璘再次以身作则，“亲督所部下”于夜间“领兵潜入，包围岩洞，偃旗息鼓”，直至黎明，陈璘乃发铳炮，面对陈璘军队出其不意的出现，日本军队瞬时因为惊慌而失去了先前的战斗意志，争先恐后登山而逃，最后在悬崖之上，陈璘率军将敌寇全部歼灭。战后计功，陈璘自七月至乙山之战，首功，共斩首一千一百余。[①]乙山之战和信宜之战如此相似，这也说明陈璘英勇无畏的精神是牢牢刻在其人生轨迹之上的，是不会因为时间的推移，官爵的提升而有所改变的。陈璘作为此次战争中明朝水军的统帅，如同早期剿贼一般，在战争期间不畏炮火，身先士卒，屡次率军击败日本军队，立下诸多战功。特别是露梁海战，面对日军急于退出战场的困兽之斗，在己方已连折两员大将的情况下，陈璘仍然在战火之下沉着指挥，未曾退后半步，成功消灭了日本海上有生力量，展现出了一代抗倭名将的大将之风。

播州龙溪一战，杨应龙军队据险而守，明军处于不利地位，为了防止军队的溃败，“璘先登，斩小校退者以徇”。而后，明军又在四牌保儿囤遇伏，陈璘的二裨将亦中伏，当此危急时刻，陈璘招募死士反击，最终将四牌之贼剿灭。[②]杨应龙的覆灭中，“璘夜四更衔枚上，贼酣睡，斩其守关者，树白帜，鸣炮”。[③]

以上战场表现展现了陈璘的奋斗与拼搏，我们今日感慨于陈璘军事生涯的辉煌与传奇，惊讶于他官职晋升的速度与高度，但是我们更加需要看到这些光辉成就是陈璘从平民身份一步步通过奋斗，通过战场上的

---

① 《明实录 · 神宗实录》卷 329，上海：上海书店，1982 年，第 6091 页。

② 张廷玉等：《明史 · 陈璘传》，北京：中华书局，1974 年，第 6406 页。

③ 张廷玉等：《明史 · 陈璘传》，北京：中华书局，1974 年，第 6407 页。

英勇拼杀所换来的。陈璘的出身与发迹体现的是陈璘自强不息的奋斗精神，而这个精神也是我们所需要向这位抗倭名将学习的宝贵财富。

二、保家报国的战斗精神：东征西战去平乱

陈璘本身为广东人，亦发迹于广东。明代的岭南虽然已经逐渐摆脱了“蛮夷之地”“发配之所”的地位，但是仍然与中原、江南等地有着一定差距。岭南距离中原统治中心山高路远，五岭的阻隔以及山高林密的地理特征，特别加上明代嘉靖年间，京城的掌权者忙于应对政治的斗争及沿海的倭寇，对于岭南显得有些力所不能及，而这也使得这块土地成了滋生叛乱的温床。明中后期的广东地区倭患、盗匪、贼变层出不穷，与其他时期相比甚至有过之而无不及。广东沿海倭寇与当地土著山贼所引发的动乱也往往互相呼应，沿海与山林中同时掀起动荡，使得广东统治当局首尾不能相顾，百姓在此双重威胁之下，惨遭掠夺。

生长在上述的动荡环境之中，陈璘自然也会受到一定影响。陈璘的少年大志就在此背景下萌生了。同时广东地区盗匪肆虐，客观上也为陈璘报国提供了契机。嘉靖末年，潮州张琏之乱起，据史料记载：张琏“乘倭煽乱聚众焚劫，知县林业槐往抚之，为所拘留，势日张阴与程乡贼林朝曦等僭拟改号，大埔贼萧晚等为至犄角，流毒江西、福建、广东三省”。[1]倭寇肆虐与贼寇骚乱同时兴起，张琏甚至还改号建国，贼兵四处抢掠，闽粤赣三省百姓苦受其害。面对这一场席卷闽粤赣三省的变乱，此时还不为人知的陈璘开始步上其军事舞台。作为一名当地百姓，陈璘并没有对

① 《广东历代方志集成 ·（康熙）潮州府志》卷 5《兵事》，广州：岭南美术出版社，2009 年，第 164 页。

这一变乱袖手旁观，他做出了报国卫家的选择，毅然决然地加入了官军的讨贼队伍之中。陈璘在战争之外观察贼势，想出剿乱之法，“徒步献策军门，首诛潮寇，歼其党，南韶、河源诸贼以次平定”。[①]在剿灭张琏及其残党的战场上，陈璘初露锋芒。因为平定张琏之乱有功，陈璘最终获得了官府赏识，事后被授予韶州指挥佥事一职，陈璘的人生轨迹从此发生了改变，开始了他纵横疆场的光辉生涯。

张琏之乱对于陈璘来说只是一个开始，在倭患的背景之下，嘉靖至万历年间的广东盗匪贼乱仍然层出不穷。嘉靖三十五年（1556年），广东英德地区“大小罗山巢贼窃发，劫掠人民，乡民窝匿遗殃，仍聚党为害”。[②]此时已经身为指挥佥事的陈璘再次参与了此次剿灭山贼的战役，陈璘在剿贼战役中生擒贼首卓文昌，为当地百姓消灭一大害。因为讨贼有功，陈璘晋职为广东守备。[③]作为总兵麾下的一名将领，“各守一城一堡者为守备”[④]，也就是说此时的陈璘已经成了驻守一地的武官，其权力与独立性也有所提高。随着职位的晋升，陈璘更多地参与了家乡广东地区的军事平乱。先是曾一本动乱起，随后广东各地盗贼蜂起，并借助倭寇之力作乱。“倭分道犯化州、石城，陷锦囊所，杀千户黄隆。于是又陷神电卫，大掠吴川、阳江、茂名、海丰、新宁、惠来诸县。于是惠、潮间山贼蓝一清、赖元爵为首，与其党黄民太、卓子望、曾仕龙等各据险结寨，连地八百余里，党数万人。”其中蓝一清与赖元爵所引发的贼乱声势浩大，贼党“彼

① 《广东历代方志集成·（嘉庆）翁源县志》卷12《列传·陈璘》，广州：岭南美术出版社，2009年，第247页。

② 《广东历代方志集成·（乾隆）英德县志》卷2《兵防志》，广州：岭南美术出版社，2009年，第459页。

③张廷玉等：《明史·陈璘传》，北京：中华书局，1974年，第6404页。

④ 龙文彬：《明会要·职官十四》，北京：中华书局，1998年，第753页。

此响应，远近附从，岭东一带，胥受荼毒”。[①]朝廷命殷正茂提督广东平乱，陈璘在殷正茂麾下参与平定了赖元爵、高要贼邓胜龙、揭阳贼及山贼钟月泉等诸多贼寇，在战场上立下赫赫战功，他也晋职官署都指挥佥事，佥书广东都司。[②]陈璘在历次讨贼平乱的军事行动中表现出色，获得了总督殷正茂的赏识，开始被委以重任。盗贼诸良宝抚而复叛，官军在讨伐诸良宝的战役中受挫，“总督殷正茂请假璘参将，自将一军”，陈璘第一次独自领军，此次战事，陈璘继续“出奇计，攻据贼朱（诸）良宝，歼焉”。[③]等到贼寇荡平，朝廷论功行赏，陈璘也被授予了肇庆游击将军一职并徙高州参将。[④]

殷正茂之后总督职位则由凌云翼接替，当时广东罗旁地区贼寇横行，贼巢连接山野，凌云翼准备出兵征讨罗旁叛乱，并将剿乱官军一共分为十路。此时的陈璘已经成了广东略有威名的武将，凌云翼自然也将陈璘招入大军之中，由他亲自率领一路大军从信宜进攻敌军，整个战争当中陈璘共攻破贼巢九十处。战事结束后，朝廷在该地设置了罗定州及东安、西宁二县以加治理。陈璘也被任命为副总兵，署东安参将事。[⑤]朝廷军队一共“克巢五百六十”[⑥]，而陈璘一人率军攻破九十，可见其战功之显著。

陈璘逐渐成了维护广东局势的重要力量，甚至于当日本一开始侵略朝鲜，明朝“在廷大吏咸推”陈璘入朝作战的时候，因为广东惠潮地区倭患未平，广东“督府萧公曰寇在门庭，安可夺我锁钥，咨留公

---

① 夏燮：《明通鉴》，长沙：岳麓书社，1999 年，第 1873 页。

② 张廷玉等：《明史·陈璘传》，北京：中华书局，1974 年，第 6404 页。

③《广东历代方志集成·（嘉庆）翁源县志》卷 12《列传·陈璘》，广州：岭南美术出版社，2009 年，第 247 页。

④ 张廷玉等：《明史·陈璘传》，北京：中华书局，1974 年，第 6404 页。

⑤ 张廷玉等：《明史·陈璘传》，北京：中华书局，1974 年，第 6404 页。

⑥ 张廷玉等：《明史·凌云翼传》，北京：中华书局，1974 年，第 5861 页。

保障之”。[1]一省大吏请留，可见陈璘其时对于维护广东局势安稳的重要性。在陈璘未赴朝鲜战场之时，岑溪瑶祸乱两粤，陈璘得知后“奋然如在事”，令其子散尽家财招募兵士，率兵勇“深入不毛，破馒头孔壳等山”[2]，舍家卫国之志，陈璘当之无愧。

陈璘出身平凡，成长于倭乱与贼乱相继蜂起的广东，看着广东的家乡父老在盗贼作乱之下生活困苦，他以匹夫之志而献剿匪之策，借此之机参军报国，并因平乱有功而步入官场。在早年的军旅生活之中，陈璘凭借自己杰出的军事才能，屡战屡胜，并凭借一系列的战功，在官职上节节攀登，最终获得副总兵官这一高职。在个人功成名就的同时，陈璘的平乱剿贼军事行动，起到了保境安民的重要作用，为广东地区百姓扫除了诸多动荡，在一定程度上减轻了岭南百姓的痛苦，为广东局势的稳定做出了重要贡献。从陈璘早期的崛起来看，我们可以发现其身上那股自强不息的精神，以及那为保家与报国而英勇无畏的战斗精神，这些都是陈璘留给后人的宝贵精神财富，也是我们中华民族一代代伟大前人所塑造的民族精神。

三、捍卫和平的正义精神：援朝抗倭、沉着指挥

万历二十年（1592 年），丰成秀吉统一日本后，为平息国内武士集团对土地问题的不满，转移国内矛盾，发动了侵朝战争。面对日本军队的强势进攻，久疏战阵且日渐安逸的朝鲜朝廷早已失去了反击日本的能

① 《广东历代方志集成 ·（康熙）翁源县志》卷 7《艺文志 · 陈大将军传》，广州：岭南美术出版社，2009 年，第 445 页。

② 同上。

力，朝鲜军队在战场上一败涂地，战争仅开始一个月，朝鲜京城便被日军攻陷，国王也被驱逐。最终朝鲜国王选择了向明朝请求救援。明朝作为朝鲜的宗主国，如果朝鲜被日本所吞并，毫无疑问对明朝而言将会是一大威胁，并且在朝鲜半岛已然畅通无阻的日本军队"旦暮且渡鸭绿江"，面对朝鲜"请援之使络绎于道。廷议以朝鲜为国藩篱，在所必争"[①]，明神宗也没有理由对这一求救视而不见，于是明朝决定派军入朝鲜，援朝抗倭，而陈璘也被"卷入"了这规模浩大的国际战争。

面对大规模的日本军队入侵，朝廷想到了曾在广东参与剿倭的陈璘，"以璘熟倭情，命添注神机七营参将，至则改神枢右副将"。[②]陈璘北上之后，因为朝廷正准备与日本议和停战，故而陈璘暂时没有入朝。随着议和事败，万历二十五年（1597 年），日本再次用兵朝鲜，明军主将邢玠认为之前战役之所以所获无功是因为水兵力量不足，于是开始募集江南水兵，在朝鲜半岛建立起一支海上军事力量。万历二十六年（1598 年），陈璘恢复原来的官职，奉命统领广东士兵入援朝鲜，负责指挥明军水路之兵。[③]跨海而来的日本军队拥有着一支较为强大的海上力量，而明军在船只数量以及水军规模上都较之为弱。因而在战争初期，日本牢牢掌握了海面战争的主动权，无论是朝鲜还是明朝军队对这一局面都显得有些力不从心。但是陈璘及其所领水军的到来，逐步改变了战争形势，使得日本军队"及见璘舟师惧不敢往来海中"。[④]明军开始拥有了可以与日本匹敌的海上力量。

在战争过程中，日本国内突然传来了丰成秀吉逝世的消息，国内战

---

① 张廷玉等：《明史 · 外国一 · 朝鲜传》，北京：中华书局，1974 年，第 8292 页。
② 张廷玉等：《明史 · 陈璘传》，北京：中华书局，1974 年，第 6405 页。
③ 张廷玉等：《明史 · 外国一 · 朝鲜传》，北京：中华书局，1974 年，第 8298 页。
④ 张廷玉等：《明史 · 陈璘传》，北京：中华书局，1974 年，第 6405 页。

争发起者的逝世让日本军队内部开始发生动摇，最终日本决定退出朝鲜半岛。面对敌军急于脱身战场的形势，中朝两军没有放过这一大好时机，决定趁敌人撤军之际，将其消灭在海上，以解决后顾之忧。作为水军统帅的陈璘“急遣子龙偕朝鲜将李舜臣邀之”。[①]之后中朝两国水军在露梁海上与日本船队发生了举世闻名的露梁海战，这一战可以说最终决定了朝鲜半岛战争的胜负。露梁海战中急于退出战场的日本军队与誓死拦截的中朝军队都展现出了拼死一战的意志。中朝大军这边明朝大将邓子龙战殁，而朝鲜水军将领李舜臣也英勇殉国。面对中朝两军强势的截击，日本水军遭受大败，本就希望脱身朝鲜战局的日本水军急于寻求撤逃之机，但是陈璘并没有放过这批残敌，他“计烧其艘，矢炮如雨，星焰蔽空，倭遂不支”。[②]露梁海战，明朝与朝鲜联军取得大胜，日本海上力量消亡殆尽，而这场海战也被列为世界古代八大海战之一，足见战争之残酷与激烈。

海上战事的失败使得日本军事实力遭受重大挫折，实力大为下降。日军残余力量退至锦山。就在锦山，陈璘再次与日本军队展开大战，并再次取得大胜，“生擒贼首平秀政、倭帅平正成等”[③]，不久日军便在朝鲜半岛遭遇了彻底的失败。

万历年间的朝鲜战争，明朝进军朝鲜半岛援朝抗倭，捍卫了朝鲜的独立，遏制了日本的军事侵略，同时进一步巩固了中朝两国的历史情谊。此次战争对东亚三国的力量、地位进行了重新整合，对当时的东亚局势

① 张廷玉：《明史·陈璘传》，北京：中华书局，1974年，第6405页。

②《广东历代方志集成·（嘉庆）翁源县志》卷12《列传·陈璘》，广州：岭南美术出版社，2009年，第247—248页。

③《广东历代方志集成·（康熙）翁源县志》卷6《人物志·陈璘》，广州：岭南美术出版社，2009年，第323页。

产生了重要影响，遭受大败的日本停止了侵略行动，东亚地区保持了数百年的和平稳定局面。陈璘作为此次战争中明朝水军的统帅，屡次率军击败日本军队，立下诸多战功。特别是露梁海战，面对日军急于退出战场的困兽之斗，他沉着指挥，成功消灭了日本海上有生力量，展现出了一代抗倭名将的大将之风。陈璘对最后战争的胜利有杰出贡献，作为明军水军的统领者，从他加入战场开始，明朝在朝鲜半岛海面才有了与日本一较高下的力量，而陈璘在战争当中的指挥得当更是使得这支海上力量发挥出了巨大战力，最终在露梁海面将日本海上力量摧毁殆尽。《明史》对陈璘"论功居首"的评价也说明了其在此次战事中的重要性与功绩之大。万历朝鲜战争的影响至今依然存在。陈璘作为中朝两国友谊的历史见证者，他的影响从未消失，直至今日，在朝鲜还生活着数千名陈璘的后裔子孙，朝鲜人民也仍然记得这位明朝将领在四百多年前为朝鲜的独立与和平做出的杰出贡献。

四、维护国家统一的爱国主义精神：西南平叛

播州位于川、贵、湖三省之间，地势险要，民风彪悍。播州之乱由播州土司杨应龙引起，杨应龙家族世代镇守播州，在当地有着极为强大的力量，杨应龙亦据此长期压榨控制当地百姓，成为一方霸主。到明神宗万历年间，中央与杨应龙的关系逐渐恶化，最终杨应龙正式踏上了反明之路。杨应龙引发的这场叛乱对西南地区无论是百姓生活还是政治经济发展都产生了极为恶劣的影响。万历二十七年（1599 年），明廷任命李化龙总督湖广、川、贵军务兼巡抚四川，负责此次平乱事宜。在出兵播州之前，陈璘正在朝鲜半岛与日本军队厮杀，等朝鲜战争结束，朝廷立即将陈璘调往了贵州平定叛乱。

播州之役是明代万历三大征中最后一征，与平定广东叛乱相比，这

时的陈璘已经身经百战，甚至还在国门之外与日本军队进行过较量，无论在军事经验上，还是在战争策略上都已经有了很大的成长。

杨应龙家族久踞播州，与当地苗族土著联系密切，在此次叛乱过程中也借助了苗族的势力。针对这一情况，为了减少敌人数量，陈璘在战争初期，先是招抚了以往与杨应龙相勾结呼应的“九股恶苗”，从而在一定程度上瓦解了杨应龙的叛乱阵营，也避免了与九股苗的战场冲突，顺利进军龙溪。

播州之役明军势如破竹，很快就攻打到了杨应龙城下，在最后一战中，陈璘在诸路明军中，率先攻入敌人关卡，战场上的出其不意也再次取得了良好的效果，杨应龙的军队在夜袭之下惊慌失措，大溃而逃，杨应龙本人最终也在绝望之中选择了自尽。至此，由播州土司杨应龙发起的西南叛乱被平定，陈璘也再一次在大战之中取得胜利。

陈璘在平播之役中发挥了重要作用，对取得战争的胜利做出了重要贡献。播州之役的平定首先维护了国家的统一，进而推动了西南地区行政改革，明朝开始在该地推行改土归流，将原本游离于中央政权之外的播州地区纳入了统治系统之中。当地百姓也被纳入了国家户口，成了明朝的编户齐民，不再受到当地土官沉重的赋税剥削，国家的财政收入也得以增加。在文化上，改土归流减少了地域之间的行政差异，促进了西南地区与其他地区的交流与融合。陈璘作为平定叛乱的重要功臣，他所做的贡献便是推动了这些影响的产生，对西南地区的历史发展和民族融合产生了重要影响。

五、足智多谋及务实精神：务实为政、安邦化乡

陈璘虽然是以武功闻名于世，但是他也是一位足智多谋的“智将”和务实为政的地方官员。

如上述翁源地方志对其“少娴将略”[①]“讲韬略尽得其秘”[②]的评价，陈璘在战场上屡出奇计，败敌于帷幄之中。陈璘的崛起便是在总督下令招募熟悉兵法之人以剿张琏时，“献策军门，凿凿中款，张公奇之”，从而被署于把总领兵。[③]因献策而起于畎亩，可以说陈璘从一开始就表现出了不同于普通武将的非凡智慧。

康熙《东安县志》记载，在消灭张琏残寇林朝曦、林朝敬兄弟的过程中，便是陈璘“计擒之”。[④]

卓文昌叛乱，陈璘在只身入营换回被俘关官员的同时，也借此深入敌营探清虚实，最后“计出之，并自脱”。[⑤]

凌珠官祖政作乱，“公计斩凌珠”，官祖政又联系河源等地贼寇数万“联营列栅”，陈璘“谋之监司，此众寡不敌，当以计擒”，然后以立功自赎之名策反狱中贼寇，借助了解敌情以及通过他们游说瓦解敌人。[⑥]

陈璘曾与黄士良等人鏖战，后因兵力不足而被俘两个月，后陈璘假意服软于看守，趁机与之饮酒，“公与诸贼欢饮连百酌，大醉而罢，公佯熟睡，顷之，贼各昏睡”，陈璘便以匕首杀死看守而逃。[⑦]

诸良宝为祸广东，筑高城，设险阻，在其他人都对之束手无策之际，

---

①《广东历代方志集成·（嘉庆）翁源县志》卷12《列传·陈璘》，广州：岭南美术出版社，2009年，第247页。

②《广东历代方志集成·（康熙）翁源县志》卷7《艺文志·陈大将军传》，广州：岭南美术出版社，2009年，第442页。

③ 同上。

④《广东历代方志集成·（康熙）东安县志》卷9《名宦志·太保陈龙崖公传》，广州：岭南美术出版社，2009年，第67页。

⑤ 同上。

⑥《广东历代方志集成·（康熙）翁源县志》卷7《艺文志·陈大将军传》，广州：岭南美术出版社，2009年，第443页。

⑦ 同上。

陈璘先是“筑望高楼于山上，高六丈”[①]，又针对诸良宝所设守城机关设计破贼之法，最终“出奇计，攻破之”。[②]

镇戍东安期间，陈璘因为浙兵日益骄横，对其中违法者“以法绳之”，对此黄玉等百余人叛去，并准备联合广西瑶作乱，陈璘“令居民尽杀雄鸡，击柝者毋报五鼓”，借以麻痹叛军，趁其松懈之时，陈璘率兵将黄玉等人一网打尽。[③]

朝鲜抗倭战争中，日军因为鹿岛、竹岛被陈璘攻破，开始坚守顺天等处，寄希望于借此“以老我师，公以小艇敝卒诱之，倭果争道而出敌”[④]，陈璘趁机将出战之敌一举歼灭，取得战争的胜利。

播州之役，在攻打青蛇、长坎等四囤的战役和平定海龙囤战役中，陈璘多次根据战场形势，运筹帷幄，提出进军之策，以及针对部分将领与贼相通的情况，以自己所率之军代替他军与杨应龙军对峙，陈璘的这些计策都取得了成功，杨应龙的军队也在战争中渐次瓦解。[⑤]

战场上陈璘足智多谋，而在战场之下他则转变成了一名为政有方的务实干将。在平定罗旁之后，朝廷在该地设置了罗定州及东安、西宁二县以加治理。凌云翼认为东安县新定，需要加以治理，而陈璘便是治理

①《广东历代方志集成·（康熙）翁源县志》卷7《艺文志·陈大将军传》，广州：岭南美术出版社，2009年，第444页。

②《广东历代方志集成·（康熙）东安县志》卷9《名宦志·太保陈龙崖公传》，广州：岭南美术出版社，2009年，第67页。

③《广东历代方志集成·（康熙）翁源县志》卷7《艺文志·陈大将军传》，广州：岭南美术出版社，2009年，第445页。

④《广东历代方志集成·（康熙）东安县志》卷9《名宦志·太保陈龙崖公传》，广州：岭南美术出版社，2009年，第68页。

⑤张廷玉等：《明史·陈璘传》，北京：中华书局，1974年，第6407页。

东安县的最佳人选，于是上奏朝廷任命陈璘为副总兵镇守东安县。[①]东安县刚刚建立，百废待兴，朝廷将陈璘安排在这里也侧面说明了陈璘的能力。供职东安参将之后，陈璘全身心地投入了地方的治理之中。据《东安县志》中记载，“而总戎陈将军复自翁源徙家捐赀，募兵隶籍，耕戍守世，以扞揿兹土，文武协虑，民用宁宇”。[②]陈璘甚至于以家产招募兵士并举家迁往东安，落籍于此，真正做到了为政为民。

作为一个新建之地，东安的治理并不是轻而易举的，但是战场出身的陈璘在东安政务上却显示出了他非凡的治理才能。“公既入山，百凡经略善后，招集流亡，屯守城垣，公署、营堡、桥梁、道路，躬率畚锸，为将士先，披荆棘辟草莱，抚处瑶壮无不畏威怀德者，于是疆里贴然，井落成聚矣。”[③]在陈璘的治理之下，东安新县得到了安定，先前因动乱流亡的百姓得到了招抚，并成为守卫城池的力量，既让百姓有了安身之所，也加强了地方的城防。而在民生方面，陈璘主持建桥修路，亲自参与修建工程，面对水患，“陈公璘曾筑堤捍防工力”[④]，这些措施让原本动乱之地的百姓拥有了更为便捷的生活。对于东安的少数民族陈璘也以怀柔政策加以安抚，促进民族和谐相处的同时也减少了地方的动荡。

陈璘在东安的治理工作可以说务实地抓住了当地的重点问题，并通过一系列为政措施，为东安县的开发与治理做出了重要贡献，推动了东安新县的稳定与发展。“疆里贴然，井落成聚”便是对陈璘治理东安政

---

①《广东历代方志集成·（康熙）东安县志》，广州：岭南美术出版社，2009年，第67页。

②《广东历代方志集成·（康熙）东安县志》，广州：岭南美术出版社，2009年，第6页。

③《广东历代方志集成·（康熙）翁源县志》卷7《艺文志·陈大将军传》，广州：岭南美术出版社，2009年，第444页。

④《广东历代方志集成·（道光）东安县志》卷1《山川志》，广州：岭南美术出版社，2009年，第382页。

务的最好评价。

战场上种种计策和地方治理中的游刃有余，说明陈璘并不是只知战场厮杀的武夫。他既有战场上的谋略，也有治理地方的为政之才；他既能在战局中以计破局，推动战争胜利，减少战争伤亡，也能在地方上安民治域，维持百姓生计，维护地方安定。他实属不可多得的人才。

六、结语

陈璘的军事生涯从献策军门平定潮州张琏之乱起，他参加了万历朝鲜战争和播州平叛，既斩功于国内，又显威于海外，他的战场表现是无可挑剔的。陈璘本人以平民之躯持报国保家之志，凭借战功屡次升职，最终官拜当朝一品，他的成功来自自身顽强不屈、奋斗不息的奋斗精神，来自于不畏艰险、身先士卒的英勇无畏精神，同时也是其务实为政的结果。他的崛起之路便是其奋斗不息之路。陈璘还通过历次平叛息乱促进了地区的稳定与发展，万历朝鲜战争的胜利更是维护了朝鲜国的独立，促进了中朝两国的历史情谊，对东亚格局的和平与稳定产生了重要影响，这些贡献都是我们所不能忘却的。

陈璘生平功绩、境遇及引发的思考

王明星、陈晓文

（仲恺农业工程学院岭南文化创意产业研发中心主任、仲恺农业工程学院岭南文化创意产业研发中心硕士）

陈璘（1532—1607年），字朝爵，号龙崖，是出生于明朝嘉靖年间的广东农家子弟，去世于明朝万历年间。他原籍广东韶关翁源，后落籍于东安县（今云浮市云城区、云安区）。陈璘自幼习武，膂力绝伦，好任侠，结交多贤豪，相与谈剑术，讲韬略，尽得其秘，弱冠投军，戍边抗倭，屡建功业，是明代杰出的抗倭将领。

一、陈璘之生平功绩

明朝嘉靖至万历年间，国家内乱四起，时广东潮州、连江等地区数万人举事，南粤大地大为震动。广东省总督下令招募骁勇，并出示“谙兵法者爵万户”文告，陈璘献计献策，呈与军门（总督或提督之尊称）。军门看其计策后称奇，随后即召见陈璘，让他代理把总（正七品官阶）。陈璘带领兵马平定动乱，首次建立显赫的战功。弱冠之年的陈璘刚刚进入军队，就建功立业，在当时广东地区声名鹊起。后来，又有林朝曦、林朝敬等人聚众举事，陈璘以三国勇将关羽“单骑赴会，过五关斩六将，杀颜良诛文丑”般的气势，兵不血刃，瓦解了聚众叛乱的民众，利用计策一举擒获带头闹事的头目，二次获功。再后，又有南韶人李富卓，在海南文昌起义暴乱，绑架分巡道冯佥事作为人质，并向督府索要赎金，总督茫然不知所措。陈璘听说后，愿以身顶替为人质，赴险救人，并对叛众头目戏言：“你们执冯佥事一介书生有何用，我陈璘乃一方都护，执我可抵万金。”叛众头领信以为真，于是放冯佥事而扣押陈璘为人质。数天过后，陈璘估计冯佥事已走远，与看守谈笑自若，又说得叛众之中周兴为内应，陈璘趁叛众松懈之机连夜逃回。由于他探得对方虚实，遂领兵直捣其巢，生擒李富卓，平定了文昌之乱。陈璘于嘉靖四十一年（1562年）平定潮州、英德等地的叛乱有功，任指挥佥事，后又屡立战功，官至肇庆游击将军、高州参将，这也为陈璘后面的际遇埋下了伏笔。

万历四年（1576 年），陈璘跟随两广总督凌云翼征剿罗旁地区（今云浮市云城区、云安区、郁南、罗定一带）起义瑶民，成为广东总兵官张元勋麾下得力主将之一，在罗旁战事中骁勇善战，歼敌无数。战事获胜后，朝廷论功行赏，陈璘一哨居十哨之首功，因此被擢升为广东副兵官。罗旁战事完毕后，朝廷在原罗旁地区建置罗定州和东安县、西宁县。陈璘被任命为代理东安县参将，任务是帮助东安县首任知县萧元冈营建东安县城工程。也就是在这时，陈璘举家迁徙，由翁源县到东安县落户生籍，自此以后世代在东安县繁衍生息。当时明朝新置的东安县，可谓百废待兴，而陈璘不辞劳苦，带领士兵在县境内营建一系列利民、便民的工程，招揽不少外地人到此落籍，使得东安县人口迅速增加，陈璘在这方面起到不小作用。陈璘定居后，即精心规划，营建房宇，分田戍兵。几年间，县城建设初具规模，正如史书所载：“山城如画，行者歌，居者宁，缙绅大夫士，东西上下，而夜柝不击”。陈璘平定两广的匪患，并落籍粤西云浮市云安区（时称东安县），为广东当地的社会稳定、保境安民、经济发展做了贡献，在两广地区的发展上起到了拓荒者的作用。

万历二十一年（1593 年），陈璘奉命驻守南澳时，他来到当地的第一印象是“金山巀嶪，云盖插天，屏障迤逦，左右环绕”，而在南澳登陆并巡视一圈之后，他又感叹道：“佳哉风土也，第惜彼其乏材也。”用今天的话来说，大致就是“南澳是个风景优美的地方，可惜树木甚少”。正因如此，到任一个多月后，陈璘萌生了种树的念头：“古人有谓，种树之术，类为政余。”于是，他把三位手下叫来商量如何在南澳实施种树。从碑文内容来看，陈璘清楚，树木“有待而成材者”，需要数十年乃至数百年，种树无法在短期内见效。但是他还是义无反顾地“购松苗四万、杉苗三万有奇，命三子督各营卒，分布于城后暨左右各山麓，皆遍植之”。他不仅让手下将士一起在南澳植树，还发动南澳的百姓加入其中，让这七万多株树苗得以在南澳生根发芽。战场上，陈璘英勇杀敌、开疆辟土，成为历史上一位名声显赫的抗倭名将和平叛英雄。战场外，陈璘凭借长远的战略眼光，把植树造林视为一件功在当代、利在千秋的大事，为子孙留存一笔精神财富，也为现代人留下一个绿满山坡的家园。如今，站在陈璘当年植树的深澳镇的山脚下，眼前天然的“绿色屏障”，俨如一道独特的历史人文风景。

万历二十五年（1597 年），日本大举侵略朝鲜，朝鲜告急，明王朝遂起用陈璘为御倭总兵官，统帅 5000 名广东兵士北上星驰朝鲜抗倭，开启了陈璘保家卫国外出支援的新征程。万历二十六年（1598 年）十一月十九日，陈璘率领大明水师与倭寇在露梁海面上展开激烈鏖战。就是这场露梁海战，陈璘指挥士兵把倭寇打得落花流水，倭寇或战死，或坠海而亡，悉数被歼灭。露梁一战，陈璘名震天下，使得倭寇此后不敢再轻易窥视朝鲜半岛，奠定了朝鲜半岛此后数百年的和平局面。这场海战的胜利，在中华民族乃至亚洲海洋战争史上都占有非常重要的地位。中朝水师联军在这次海战中，密切配合，善于准确判断情况，并根据敌情变化，及时调整部署，迅速转移兵力，依托岛岸，隐蔽待机，适时出击。陈磷在此战中，战功显赫，为中朝人民共同抗倭效命疆场，身劳心瘁，其忠心报国、热爱友邦的精神感人至深。万历年间的援朝之役，是明朝后期历史中少有的亮色之一，曲折、惨烈处让人动容不已。这场援朝战争（朝鲜史书则称之为“壬辰卫国战争”），是中日之间第一次面对面的正式战争，时间长达 6 年多，最终以中朝联军的胜利而载入史册。在这场战斗中，陈璘起到了关键作用。《明史》有载，“论功，璘为首”。

明代在与各民族的关系史上，曾盛极一时。明成祖时，北破元裔，南并安南，又招夷于南洋诸国。然而明中期以后，日渐陵替，边疆多事，特别是与西南诸土司的战争更是持久不断。万历二十四年（1596年），播州土司杨应龙公开反叛，挑起战端。播州之役爆发，杨应龙和明朝廷发生了第一次冲突。朝廷令文臣王继光，武将刘承嗣、郭成兵分三路，分别行军围剿。杨应龙采用“声东击西”计，以“佯令约降”为幌子，暗中“统兵据关冲杀”，结果“一路明军大败，死伤大半……而他师亦无功”。战争初期，由于明王朝毫无准备，杨应龙占据优势，但随着明王朝平定播州力量的增强，战争态势发生了逆转。神宗皇帝龙颜大怒，起用佥都御史李化龙兼兵部侍郎，总督四川、湖广、贵州三省军务，征浙江、福建、云南、广东等省将士，以围剿杨应龙。此时，恰逢陈璘平定倭寇后由朝鲜归国，于是朝廷又起用陈璘为湖广总兵官，率军前往平叛。陈璘仅用数月时间便平定了杨应龙叛乱，威名远扬，声震朝野。陈璘在播州之役的胜利，大大树立了明王朝在西南地区的威风，其功业足以泣鬼神而舒宵旰，也震慑了其他百夷君长，巩固了统一多民族国家，加强了明政府对西南地区的控制，促进了我国西南地区的经济发展和社会进步。

万历三十五年（1607年），陈璘转移到广东镇守，同年病逝，享年七十五岁。陈璘去世后，朝廷加封其为左都督，追赠太子太保，荫封百户，谕葬于东安县六都南乡莲花山，敕赐在南乡修建陈太保祠，永世祭拜。如今，数百年已经过去，位于南乡陈璘故居的陈太保祠依旧巍然屹立，祠门处有一副表彰陈璘功绩的楹联，相传为万历皇帝所撰：“辟土开疆功盖古今人第一，出将入相才兼文武世无双。”由于陈璘有着辉煌的人生历程和卓越的开拓功勋，所以三罗地区的人们在他去世后就开始编造关于他的传说故事，不断将他神化，最后他竟成了一位能够斩山劈岩、阻河倒流的神奇人物。

二、陈璘之生平境遇

万历十一年（1583年）发生了东山营兵哗变事件，此事在《明神宗实录》中这样记载：万历十一年四月，巡按广东御史罗应鹤题："分守东山副总兵管参将事陈璘扣减兵饷三个月，又调兵三百名抬木起盖庙寺，众兵怨恨激变，劫掠四五州县之间。罗定兵备佥事侯应爵、东安知县陈公大玩寇遗患，并宜加惩。"上谓："陈璘虐军致变，革了职，戴罪管事，立功自赎。侯应爵降一级调用，陈公大罚俸半年。"此记载相对粗疏，但从这里可以看出，在当时朝廷看来，陈璘对士兵哗变要承担最主要的责任。文中仅提到了巡按御史罗应鹤的题本，实际上，真正对此事定性有决定影响的是郭应聘的奏报。

根据郭应聘的奏疏，在其到任之前的二月二十四日，广东罗定州东安县带管巡捕罗苛、巡检司巡检韦藟已经上报当月"二十日申时，有东山营兵出于长春寺墟，因酒，乘机将墟上菜、米、布、货等物抢去"，引发骚乱，"有哨官刘一鸾前去禁制，被各兵殴打，扬言激变。口称本管抽扣钱粮，不得给用"。罗定兵备道佥事侯应爵也有类似的报告。郭应聘到任后，又陆续接到岭西兵巡道佥事徐汝翼、游击叶欢、西宁知县吴道远、肇庆府推官唐民敏等人的上报。根据这些报告，郭应聘先入为主形成自己的判断，其急功近利，想向朝廷邀功，便奏报朝廷。郭应聘认定是由于陈璘克扣军饷、发放高利贷及属下军官欺压士兵，致使以黄玉为首的一百余营兵发动兵变。变乱发生后，陈璘虽然领兵追剿，"并在二十三日，追杀叛徒六十四人，召回三十二人"，但残余叛兵流散在附近地区，并于闰二月初十日，伙同中路守备欧泮所在部队二百余人，劫掠了西山一带，并一度进入广西境内，酿成更大祸端。陈璘因此被认定为"贪残激变"，受到革职，"充为事官"的处分。

当然，并不是所有史籍的记载都和郭应聘的一致，在地方史志中就有别样的记载。如雍正《罗定州志》记载："总督凌云翼以为山林方启，宜畀璘世守以镇压之，因奏陈璘，而分设西山参将一员受其节制。璘既任，经略善后，招流亡，辟草莱，抚瑶壮，无不畏威怀德者。时浙兵久戍骄恣，璘以法绳之，有悍弁黄玉等百余人叛去，将合广西瑶为乱。璘闻变，度道由富霖、天当、曙光，先取间道至富霖，令居民尽杀雄鸡，击柝者勿报五鼓。俄叛者至，闻鸡未鸣，漏方四下，稍憩以待曙。璘驰至，遂一歼无遗。"如果他真的像某些人所说的"贪黩成性"，他早就"刀枪入库，马放南山"了。可见其实《明史·陈璘传》涉"贪"的记载，与前面所讲的巡按广东御史歪曲事实诬告陈璘是一回事，事实已证明兵变真相与涉贪无关，一年后即已还陈璘清白。

《明史·陈璘传》同样有陈璘涉"贿"的记录，这也与陈璘即将援朝抗倭时，受到朝廷主和派的排斥有关。万历"二十年，朝鲜用兵，以璘熟倭情，命添注神机七营参将，至则改神枢右副将。无何，擢署都督佥事，充副总兵官，协守蓟镇。明年正月诏以本官统蓟、辽、保定、山东军，御倭防海。会有封贡之议，暂休兵，改璘协守漳、潮。坐贿石星，为所奏，复罢归"。到北京的时候，兵部尚书石星又借机打击陈璘，明确告诫他到了朝鲜不得肆意妄为，倚老卖老，话语里全是不信任和威胁警告。

当时的主和派不惜以诬陷的方式打击主战派，陈璘空有一颗为国捐躯的拳拳之心，却不料成了代罪羔羊。这也说明当时官场险恶，贪官佞臣当道，歪曲事实，迫害忠良。万历皇帝怠政，官员们也个个尸位素餐，但样子总要摆好。一篇"奇葩"奏折写好，就是"辛勤工作"的遮羞布，里面几句云山雾罩的段落流传起来，还能给自己刷知名度，等于是合理合法地偷懒。于是大明朝上梁不正下梁歪，行政效率可想而知。这坑国的效果，正如近代学者许同莘一针见血之言："历代文章公牍之弊，及国家受士大夫之害，无过于明人者。"确实，打着冠冕堂皇名义的懒政，后果，往往与贪腐一样可怕。

抗倭英雄陈璘也像戚继光一样，背后并不是万人之上的风光，而是为了自己的抱负不断拼搏奋斗，保家卫国的辛酸，明朝的官场复杂险恶是有名的，明代“官场病”的形成，起源于弘治年间，至嘉靖、隆庆以后更是病入膏肓。

三、盖棺后引发的思考

第一，战功赫赫的陈璘却蒙受“贪黩”之冤。

立下赫赫战功的统帅陈璘，并不是单纯的水军将帅，其还是明朝戍边名将，除了朝鲜战争以外，在那之前、之后，因当时广东盗匪纵横，倭寇来袭之前，陈璘主要坐镇南方的边疆。陈璘在历史典籍里面记载和讲述并不是很多，清人所编写的《明史》里，还对他有一个负面的记载和评价。《明史》里说：“璘有谋略，善将兵，然所至贪黩。”意思说他有贪污行为。此外，陈璘的后代因为不想投降清朝，移居到了他们祖上曾经奋战的朝鲜。起初，朝鲜人对陈璘的后代都是感恩戴德的，毕竟陈璘和朝鲜将领李舜臣一起在露梁海战立下了不朽功勋。后来朝鲜给日本统治很多年，陈璘对于日本人来说是大敌，因为他让日本的海军水师损失惨重，所以日本在统治朝鲜这段时间尽量丑化或贬低陈璘，这就造成陈璘在朝鲜史料记载中被贬低了。

第二，起起落落的陈璘惨遭“罢官”之屈。

为了表彰陈璘的赫赫战功，万历皇帝曾亲撰匾额“开拓第一功”，并称赞陈璘“辟土开疆功盖古今人第一”。陈璘打仗时候屡立战功，但在他不打仗时候很多史料记载说他贪钱，比如说他在罗旁战乱平定之后大兴土木、营建寺庙并示意部下勒索士兵钱财。士兵被激怒引发暴乱，抢劫州县，就被御史上报弹劾，朝廷下诏剥夺了陈璘官职，很快暴乱平定，他又被提拔为副总兵，然后很快又被罢官。陈璘的军旅官宦生涯总是起起伏伏：在不打仗的和平时期，他时常遭贬而罢官；而到打仗的时候朝廷又想起他。

陈璘是勇武忠义之人，而此类人在明朝的武将里往往充当的是悲剧的角色。明朝是重文轻武的政治生态，它的政治架构里面文官就是压了武官一头，对于武官而言，服从命令的就很好了，但是像陈璘这样勇武忠义的武官总是不服，就不免陷入朝堂之上的文武争斗之中，所以陈璘屡次被言官、御史弹劾。我们不要苛责明朝的武将们，就连我们上面提到的戚继光将军一样得给朝堂上的文官送礼，这是明朝武官们的悲哀。陈璘被罢官在家休养多年之后，日本人侵略了朝鲜半岛，明朝派陈璘去抵抗倭寇。可就在陈璘满腔热血，准备出国作战的时候，有人为了打击政敌又拿陈璘做文章，诬陷陈璘求军功行贿，于是陈璘又一次被罢官，回了广东老家。这时，广东又有土匪聚众闹事，陈璘便自己出钱作饷拉起队伍，很快就把匪乱给消除了。万历二十五年（1597 年），朝鲜和日本和谈破裂，战事再起，明朝第二次派大军到朝鲜与日寇作战，这次，陈璘终于得偿所愿，升任御倭总兵官，统领大规模水师浩浩荡荡前往朝鲜。朝鲜国王以最高规格的礼遇接待了陈璘，并准备了一批礼物送给陈璘。当时，陈璘拒收朝鲜国王的礼物，还铿锵有力地对朝鲜国王道：“永绝争桑之患，肃清瀚海之波。”他到朝鲜就是来驱逐倭寇的。

万历皇帝统治时期就是明王朝由盛转衰的转折点！万历皇帝是明朝在位时间最长的皇帝之一，可他在位时间过长并没有给明朝带来什么富强和万世太平，而是加快了明朝的衰败和落后。明朝的经济开始下落，社会开始衰败，与万历皇帝在统治中后期的长期懒政不无关系。由于制度的影响，明朝文官权利极大，这在各朝都极为少见，而皇帝为对抗文官集团，就给予宦官极大的权利，先后诞生了王振、汪直、刘瑾、魏忠贤等大太监，文官集团与宦官集团的斗争几乎成了明朝中后期的主旋律。

在这种斗争之下，武将显然更加没了地位，话语权更低。纵观明中后期，武将大多只能做到总兵的位置，却经常有文官担任一方统帅的现象。而功勋集团随着时间的推移，也存在新旧交替，除了明初勋贵大多出于武将，中后期的勋贵除了继承父祖余荫的，新贵族除了两京之外，多出于文臣。所以，明中后期的勋贵也大多是文臣。纵观有明一代，武将集团虽然是利益共同体，但除了明初或是由于袍泽纽带，或是由于提拔之恩，大家关系较为亲近，随着时间推移，这种关系也就淡了，很难将力量集合起来。反观文官集团，由于师生情谊、同窗友谊、提拔举荐之恩、同僚之谊等等，大家关系极为密切，更容易形成利益集团。中国古代历史发展到明朝中后期，虽然思想界也出现了文人结社与言论时事的新气象，也出现了诸如认为“虽其言之出于孔子，不敢以为是也”并创立了“阳明心学”的王守仁、认为“咸以孔子之是非为是非，故未尝有是非”而求真证伪的李贽等人，但是，与此同时也不乏门户之争与政治谣言，甚嚣尘上的攻讦不仅使文人学士之间形成学派党争，“广布流言，倾危宿硕”，期间发生的胡惟庸党案、蓝玉党案，杀戮开国元勋数万，这恐怖的一页，给后世留下刻骨铭心的记忆。而像陈璘这样的武官也遭人妒忌，官宦生涯几起几落，这深刻说明整个明朝的官僚体制已经非常严重影响国家政治、军事的正常管理。它既是陈璘个人的不幸，更是民族之灾难。

写史，难就难在“写实”并不是摹写经验事实。它不仅要记录历史事件的真相，而且要记录历史脉动的“表情”。而无论“真相”还是“表情”，都不是固定的存在物，它们不但因观察者而异，而且总与不可视的“意义”缠绕不清。

今年，2019年是一个特殊的年份，在中华民族走向近代的历史上，1919年的五四运动是非常值得我们民族记忆和纪念的历史事件，五四运动最重要的遗产是科学与民主。那么100年过去了，我们的民族又真正做得怎么样呢？20世纪20年代，五四运动的先驱与闯将鲁迅先生曾经写过一本特殊的文学作品《野草》，它的《题辞》中明确宣布：“我以这一丛野草，在明与暗，生与死，过去与未来之际，献于友与仇，人与兽，爱者与不爱者之前作证。”如果把《野草》视为一个时代的证言，那么，我们能从中读取什么样的历史信息？有学者称：鲁迅先生撰写《野草》之作，正是他登上文坛伊始。当时他并没有与最新的思潮同步，而是想成为与历史共生见证者。这个重任并非直接改变历史，而是要为中国的历史做证。为什么这样说呢？

鲁迅先生一生都痛心疾首于中国人的健忘，是人所共知的。没有健忘的习性，就没有阿Q的精神胜利法。阿Q的健忘正符合“造物主”的意图，造物主暗暗地使人类受苦，却不敢使人类永远记得。鲁迅在《野草》的《淡淡的血痕中》一篇中，揭露健忘的怯弱者“也如醒，也如醉，若有知，若无知”的苟活状态，同时呼唤着叛逆的勇士。他“洞见一切已改和现有的废墟和荒坟，记得一切深广和久远的苦痛，正视一切重叠淤积的凝血，深知一切已死，方生，将生和未生”。鲁迅先生知道，为历史做证绝非易事，但历史也绝非只由枪炮与权势构成。在真伪的问题上，文人之间的较量不亚于残酷的战争，然而却远比现实中的两军对垒更难于辨认。为历史做证，因此也就意味着在文字的世界里留住真言，揭露伪证。

其实，“留住真言，揭露伪证”，又谈何容易？！

第三，客家文化塑造文化基因。

客家文化、客家精神是陈璘走上尚武报国之路的潜在文化基因，关于陈璘的家族起源，从《陈氏族谱》中可知：“从翁源县周陂镇龙田村陈氏开基始祖万三郎为一世算起，陈璘为第六世。”而陈璘祖上并非翁源本地人，其先祖从福建龙岩上杭县迁至广东翁源县：“明朝初年由福建迁徙而来，定居在翁源境内青云山南麓的龙田。”翁源客家民系是在民族迁徙的过程中形成的。据现今翁源大量族谱记载，最早迁至此的客家人多来自福建，时间大多是明中叶时期。客家民系原本生活在中原，为躲避战乱和外族入侵而南下迁徙。研究客家文化的著名历史学家罗香林先生在《客家源流考》绪论中，引用英国教士艮贝尔氏的话语："客家人确是中华民族里最显著、最坚强有力的一派。他们的由来迁徙，种种经历，确替他们养成一种爱种爱家的心理，同仇敌忾的精神……"他们在后来教育子女要么耕读科考，要么从军报国。这些优秀的品德是客家人在不断辗转开拓的历史过程中养成的。关于中原的家国记忆，早已深深植根在客家人的基因中。所以客家人在面对外敌入侵时表现出忠义爱国与民族大义精神。对此，国内外学者也颇为赞同，日本学者矢吹晋、藤野彰在《客家与中国革命》中写道："客家是中国最优秀的民族，他们原有一种自信与自傲的气质，使其能自北方胡骑之下，迁到南方。因此，他们的爱国心，比任何一族为强，是永远不会被人征服的。"陈璘身为客家人，这些宝贵的精神自然也融入他的骨髓里。

忠义祠对陈璘在少年时期塑立人格、培养德行有着重要的影响，故有陈璘的"好任侠，结交多贤杰，相与谈剑术，讲韬略"，为陈璘走上尚武报国之路提供了文化氛围。自秦代立"岭南三郡"始，虽经北人三次大规模南迁，而使岭南地区有所发展，但政治、经济、文化仍相对落后于发达的中原地区，故一直被中原王朝视为"化外之地"，而以儒家思想为基础，推崇 "仁、义、礼、智、信"为道德规范的忠义祠，能在生活中潜移默化地塑造陈璘的忠义精神。陈璘后来走上尚武御敌报国的道路，形成忠肝义胆、崇尚教化的思想，原因之一正是受到官家立祠塑像表彰忠义的影响。

人类是当今地球上最复杂高级的动物，其区别于其他动物就在于他有复杂的思维和行为。而人类的行为又是如何发生和控制的呢？其实，人类行为最简单的定义是人类作为主体的活动。它既是人类对社会环境的反应，也是人类对自然环境的反应。学术界将人类行为定义为人类为满足其自身需要，采取某种方式去适应环境所表现出来的活动或方式。

人类行为可以是生理的也可以是社会的，可以是外显的也可以是内在的，可以是个体的也可以是集体的，可以是理性的也可以是非理性的，可以是正常的也可以是非正常。人类行为是整合的过程。

分析人类行为可以从不同角度进行，通常采用的是多元分析框架，这个多元分析框架包括社会维度、心理维度和生物维度。从社会维度分析人类行为，应该将人的行为放入社会环境系统中，人不断地在和社会环境系统互动。社会环境系统包括社会结构环境和社会文化环境。社会结构环境中有家庭、群体、组织、单位、社区、国家等内容，还包括各种社会制度。社会文化环境包括社会的主流文化和亚文化、社会价值、社会规范、文化创新和文化传播等内容。从心理维度分析人类行为及其环境的关系，将讨论个人的心理活动过程、人在成长阶段中的心理特征、形成和影响心理活动过程的社会环境因素、人类在行为过程中的信息处理和认知发展、人类的态度和情感、社会认知和心理危机等。从生物维度分析人类行为与环境的关系，将讨论人类的生化系统、细胞系统、器官系统及人的生理成长阶段和外界环境变化对人类生理的影响等。一些理论和研究中采用狭义的人类行为概念，通常只包括外显的活动，如心理学中行为主义学派重视研究由外界刺激引起的可观察和测量的人的外在反应。实际上人类的外显行为和内在行为在现实的生活中是不可分割的。精神分析学家认为，人类行为是由本能所引起的一种结果；认知成熟论者认为，人类行为是人的认知能力成熟之后对环境所产生的反应；社会学家认为，人类行为是其价值观点及态度的表现；社会工作者认为，人类行为发生于生物的、心理的、社会的、经济的及物理力量的整体性相互作用。在人类行为的不同阶段，人类可能面对社会、心理、生理等不同问题与危机，从而会产生不同的社会学、心理学、生理学对策和答案。

我们这里阐述了这些心理学、行为学的基本知识之后，认为：身处岭南大地，思想深受客家文化影响，这应该是陈璘的人格形成和行为发生的主体要素，当然绝非全部要素，他的文化基因和一生重大行为也绝非本文一篇小文可以透彻分析的。有人说：所有的风景都会拒绝一部分人，偏爱一部分人；所有人，生来都会属于不同风景。在朝堂上得不到肯定的陈璘，一再遭遣受贬，数度起落，人生也堪为一段传奇。陈璘的历史评价更像是元朝诗人赵孟頫的一首七律所言：“鄂王坟上草离离，秋日荒凉石兽危。南渡君臣轻社稷，中原父老望旌旗。英雄已死嗟何及，天下中分遂不支。莫向西湖歌此曲，水光山色不胜悲。”陈璘深受王阳明“身之主宰便是心，心之所发便是意，意之本体便是知，意之所在便是物。如意在于事亲，即事亲便是一物；意在于事君，即事君便是一物；意在于仁人爱物，即仁人爱物便是一物”思想的影响，对于官场几度沉浮起落的陈璘而言，理解并深入浅出地实践明代大哲学家王阳明的心学心即理、知行合一、致良知等核心理念，恐怕也是他戎马一生，战功显赫而屡贬屡起，不计名利，而甘愿为国尽忠，献出自己一生的又一原因。

参考文献：

[1] 孙歌．鲁迅的“不容已”[J]．读书，2019年（10）：4-7.

[2] 彭华民：人类行为与社会环境[M]．北京：高等教育出版社，2014.

[3] 樊树志：晚明大变局[M]北京：中华书局，2015.

[4] 罗香林：客家源流考[M]北京：中国华侨出版公司，1989.

[5] 矢吹晋 ，藤野彰：客家与中国革命[M]日本：东方书店，2010.

陈璘抗倭的功绩、历史影响与当代意义

许桂灵

（中共广东省委党校中国特色社会主义研究所研究员）

摘要： 陈璘是我国明代抗倭名将。他一生征战无数，从早期在广东沿海一带驱倭平乱，到晚年入朝抗倭，无不体现了其抗倭安民、赤心报国的精神和胆略过人、善谋善战的杰出军事才干，向为后人所称道和敬仰。在万历援朝战争中，陈璘居首功，挫败了日本侵占朝鲜、征服中国、再图南洋的侵略阴谋，对其后朝鲜300多年的和平局面的形成、明代中国海疆的巩固、东北亚局势的稳定等皆做出了重要贡献，产生了深远的影响，对当代我国海疆建设、爱国主义教育、海防安全教育，以及增进中朝两国人民的友谊等均有重要的实践意义和现实意义。

关键词： 陈璘抗倭；粤东沿海；朝鲜；功绩；历史影响与当代意义

一、明代海疆的严峻局势

自元代中后期起，一些日本武士、商人和浪人由于其国内社会局势动荡，开始流窜到我国沿海一带劫掠。这些倭寇往往与当地土匪勾结在一起，为祸一方，给我国沿海居民造成了深重的灾难。进入明代以后，倭患仍未得到有效遏制和彻底铲除，我国沿海一带一直倭患不绝。他们肆无忌惮，疯狂劫掠、侵扰，使中国辽东、山东、江苏、浙江、福建、广东的沿海地区遭受空前浩劫，人民饱受欺凌和蹂躏，饿殍遍野，满目疮痍，当地的社会生活、生产也遭到了严重的破坏和摧毁。尤其是到明代中后期时，朝廷政治腐败，武备废弛，倭寇活动愈加频繁，危害更为严重。至嘉靖年间（1522—1566 年），明朝廷处于内忧外患之中，倭寇更为猖獗，烧杀抢夺、为非作歹、无恶不作，为我国沿海倭患最为严重的时期。

据《明代倭寇考略》中的粗略统计，从我国辽东到广东沿海在明代 276 年的历史中至少发生过 787 次倭乱，造成我国军民死伤数以百万计，财产损失数以亿计。[①]据《南澳县志·大事记》载，明永乐七年（1409 年），倭寇劫掠南澳，并将之据为巢穴。嘉靖三十七年（1558 年），倭寇先从漳州、泉州一带，窜入揭阳大川、蓬洲、钱冈、凤山等村抢掠。随后倭寇又从平和桥突犯饶平县黄冈镇，是年底移至荆陇，抢劫洋尾四村，杀男女数千人，其后转攻饶平、揭阳两县。三十八年（1559 年），倭寇再次侵入潮阳县，掠杀百姓；同年，许朝光纠合倭寇千余人侵掠南澳、黄岗、揭阳等地。三十九年（1560 年），倭寇侵犯潮州府，都指挥武尚文领乡兵抵御，连战皆捷，自倭寇侵扰以来，军声稍振。四十年（1561 年）正月，倭寇又攻陷饶平县的大埕所。四十二年（1563 年）正月，倭寇再犯揭阳，挖掘当地人的祖坟，居民号哭寻找尸骨……短短几年，倭寇从浙江、福建流窜南下，屡犯广东沿海，百姓深受其害，苦不堪言。据《南澳县志·大事记》载，明永乐七年（1409 年），倭寇劫掠南澳，并将之据为巢穴。南澳乡民被迫迁于苏湾都（今澄海区境）。嘉靖三十八年（1559 年）许朝光纠合倭寇千余人侵掠南澳、黄岗、揭阳等地。相关史料表明，自嘉靖中期到万历初年为明代广东沿海倭患最严重、社会最动荡的时期，明朝廷对广东的统治几近瘫痪。大臣们不断惊呼："朝廷已无广东矣！""岭表非我版图矣？"有些大臣甚至提出"弃而不守"。[②]可见其时我国海疆形势之严峻，驱除倭寇、保卫家园已迫在眉睫、刻不容缓。

---

① 金其桢：《元明抗倭史话》，合肥：黄山书社，2017 年，第 6 页。

② 张居正：《张太岳集》明万历刻本影印版，上海：上海古籍出版社，1984 年。

二、陈璘在粤东沿海一带驱倭保境的主要功绩

陈璘（1543—1607 年）一生历经嘉靖、隆庆、万历三朝，正是广东倭患最为严重、社会最为动荡的时期。面对倭贼肆无忌惮、鱼肉我国百姓的暴虐、残忍、无耻的野蛮行径，陈璘义愤填膺，立志抗倭驱寇，保卫家园。清嘉庆《韶州府志》称（陈璘）：“少倜傥，有大志，不事家人产……膂力绝伦，好任侠，结交多贤豪，相与谈剑术，讲韬略，尽得其秘。”[①]陈璘不仅胸有大志、体魄强健，而且精通武艺、深谙兵法，是一位文武双全的将才，他驰骋疆场长达四十余年，参加过数十次驱倭平乱战役，英勇善战，忠心报国，战功赫赫，堪称一代名将。

（一）平定勾结倭寇之潮州土匪张琏、林朝曦及诸良宝等祸乱

明代中后期，广东沿海各地土匪活动频繁，并常常勾结倭寇，抢夺杀戮，为祸殊深。从嘉靖后期至万历初年，明政府屡次派兵抗倭平乱。陈璘几乎参加了广东境内所有大规模的驱倭平乱战役，他智勇双全、胆识过人，其统领的水军英勇善战，在广东沿海一带十四年的抗倭平乱的战斗中，屡立战功，被载入史册。

据史料记载，嘉靖三十八年（1559 年），潮州土匪张琏，伙同林朝曦等，勾结倭寇流劫于粤东沿海一带，并于嘉靖四十一年（1562 年）在闽广交界的饶平地区自称“天子”，立国号“飞龙”。两广总督张臬张榜招募“骁勇谙兵法者”讨之，年仅十九岁的陈璘揭榜应征，领职把总后，在两广总督张臬、都督刘显、俞大猷的带领下转战粤东一带，采用“潜师捣其巢”、诱敌出山等策，接连获胜，张琏的主力部队被歼灭，余党两万人被遣散。

---

① 黄学佳：《抗倭英雄陈璘》，广州：广东人民出版社，2010 年，第 5—6 页。

其同党林朝曦被擒获，其部下亦被遣散。而临危受命、只身深入虎穴、成功遣散张琏余部者正是时年十九岁的把总陈璘。是役后，论功行赏，陈璘升为广东肇庆游击将军。《广东通志》称“入贼中谕贼者为把总陈璘。总督张臬奖璘千金，时服其勇，附录于此”[①]，对陈璘在是役中有勇有谋的出色表现和历史功绩进行了如实的记述和评价。

万历二年（1574 年），潮州土匪诸良宝从海上出发，勾结倭寇，侵犯阳江，被官兵击败后退回潮州老巢，凭借地势，居高临下，顽守不出。两广提督、右都御史殷正茂向镇守广东的总兵官、抗倭名将张元勋借陈璘作参将。陈璘到任后，审度敌方形势后，果断下令部下用树枝捆绑战车，施用火攻，对诸良宝老巢发动猛烈冲击，斩杀、俘虏贼寇总计 1200 余人，诸良宝无路可退，自尽而亡。万历四年（1576 年）二月，陈璘升任为参将，官阶为都指挥佥事（正三品），镇守高州。是年初，倭寇万人犯潮汕，不得逞，转而攻陷南澳。五月十八日，柘林前敌指挥官陈璘设奇谋，在南澳与柘林间海面，诱伏败倭船。[②]至此，岭南一带土匪勾结倭寇、祸害百姓的迅猛势头基本上得到了有效的控制，广东沿海一带社会开始平静下来。

（二）镇守南澳岛，积极御倭防海保境

明万历二十一年（1593 年）六月，陈璘调任第九任南澳副总兵。南澳岛位于粤东闽南海面，自古今来是东南沿海一带通商的必经的停泊点和中转站，在明代就已有“海上互市”之称，同时，南澳也是历来的海防重镇、兵家必争之地。明代这座岛民垦种渔猎的孤岛，很快被贼寇看中，

---

① 阮元：《续修四库全书·史部》第 673 册《广东通志》卷 188，上海：上海古籍出版社，1996 年，第 172 页。转见刘祥学：《“贪将”抑或猛将？——再论明代名将陈璘》，《军事历史研究》2018 年第 1 期，第 64 页。

②张梓瑶：《陈璘与南澳简析》，《神州民俗》上半月，http:// www.impzb.com，2018 年 05 月 10 日。

成为其盘踞的据点。据《南澳县志·大事记》载，南宋淳熙七年（1180年），海寇沈师犯南澳，杨万里合诸郡兵讨平，孝宗称之曰“仁者之勇”。明永乐七年，倭寇劫掠南澳，并将之据为巢穴。南澳乡民被迫迁于苏湾都（今澄海县境）。嘉靖三十八年（1559年），许朝光纠合倭寇千余人侵掠南澳、黄岗、揭阳等地。嘉靖四十三年（1564年），吴平聚众万余，造战舰数百，纵横行劫南澳、浯屿间。许朝光、吴平等人曾先后盘踞南澳，危害一方。“古有边防，而无海防。海之有防，南澳自明朝开始。”南澳一地，其“争之则我据其胜，弃之则寇得所凭”的战略地位得到朝廷的高度重视。为了拱卫海防，明万历三年（1575年），“潮州知府郭子章上疏《南澳设镇论》，获准。首任南澳副总兵白翰纪到任，镇府设于深澳”。[①]并派驻副总兵，使南澳的海防得到大大加强。陈璘到任时发现该岛“为诸夷贡道所必经，萑符弄戈所出没也”，“称东南一大关镐”。因此，在其任职南澳副总兵的一年期间，他继承了历任总兵抗倭护境的传统，积极御倭防海，使倭寇无可乘之机，无法继续以南澳岛为据点实施劫掠，不得不撤出，另辟巢穴，南澳岛由此出现了海晏峤清的安稳局面。[②]

三、统领水军，抗倭援朝

元末以来，日本浪人（失去禄位的武士）在朝鲜、中国沿海地区的海盗行为（倭乱），使得日本与朝鲜、中国的正常贸易受到极大破坏。

---

①南澳县地方志编撰委员会编：《南澳县志·大事记》，北京：中华书局，2000年，第8页。

②张梓瑶：《陈璘与南澳简析》，《神州民俗》上半月，http:// www.impzb.com，2018年05月10日。

明万历十一年（1583 年），丰臣秀吉先后吞并了日本国内的数十个大小封建主，统一了日本，为满足迅速膨胀起来的大封建主和大商人掠夺国外财富，扩大对外贸易的侵略欲望，以丰臣秀吉为代表的日本大封建主集团企图通过武力征服朝鲜，以恢复当时处于停滞状态的贸易关系，再伺机入侵明朝，妄图建立一个包括朝鲜、中国、菲律宾、印度等在内的大帝国。

明万历二十年（1592 年）4 月中，丰臣秀吉在一切工作准备就绪后，便以朝鲜拒绝攻明为由，发十六万大军入侵朝鲜（史称“万历朝鲜之役”）。至 7 月底，釜山、东莱、金海、汉城、平壤等大半朝鲜国土先后被日军攻占，日军先头部队也已抵中朝边境重镇——会宁。这期间，朝鲜国君遣派至中国的“请援之使，络绎于道”。万历皇帝认为“朝鲜为国藩篱，在所必争”，下令在全国征集优秀将才，发兵抗倭援朝。时任两广总督萧彦上疏极力举荐陈璘，称：“陈璘之名，于粤最著，而其树功于粤亦最多，谈粤之宿将，无有两者。”因此，是年六月，兵部以陈璘“熟练海务，熟悉倭情”，任命陈璘为神机七营参将，催促其“星夜前来，听候调遣”。

接到命令后，陈璘马上着手精选将士，组建了一支以家乡子弟兵为主、火力强大、精悍勇猛的“陈家军”。是年十月，陈璘又被任命为神枢营右副将，“协守蓟镇”，即在北京城及天津一带协助守卫。至翌年正月，朝廷又命其统领天津、辽宁、保定、山东军务，“御倭防海”，在沿海一带驻守，以准备随时投入抗倭援朝的战斗。但因主和派的排斥，是年六月，陈璘被贬回广东，任南澳副总兵，“协守潮、漳等处”。直至万历二十六年（1598 年）二月，陈璘才官复原职，受命统领广东陆兵五千，水兵三千北上。是年四月，他又被提拔，提督水军，成为入朝明军水师的最高统帅，领兵一万三千余人，战舰数百艘，分布于忠清、全罗、庆尚诸海口。其时，正值中朝水师遭受“闲山之败”，朝鲜失去水师大营，日本水师泛海出没，朝鲜官兵对此也无可奈何，陈璘的到来，很快扭转了战局，仅在半年多的时间里，便取得了折尔岛伏击战全胜、露梁海战大捷、乙山战役全胜等一系列战绩，最终击溃了侵朝的日军，重振了中朝联军的雄威。[1]而在露梁海战中，明军以500多艘战船，辅以朝鲜300艘战船，与日军500艘战船进行的大决战，几乎全歼日军，是役是日军在侵朝战争中损失最大的一场战役，陈璘正是指挥这场决定性战役的中朝水师联军最高指挥官。

对于陈璘的功绩，兵部尚书邢玠在战后上报朝廷的奏章中称："陈璘报国誓捐七尺，摧锋力敌万人，自攻打倭巢及荡灭援倭，血战无虑数十番，而露梁、昆阳、昌善之役，从昏逮明，连昼复夜，毁舟七八百只，斩溺二万余名，石曼函首，正成等就俘。天日为昏，海波尽赤，史册所载，未能或加。"[2]《明史·陈璘传》记："初，贼泛海出没，官军乏舟，故得志。及见璘舟师，惧不敢往来海中。会平秀吉死，贼将遁，璘急遣子龙偕朝鲜将李舜臣邀之。子龙战没，（陈）蚕、（季）金等军至，邀击之，倭无斗志，官军焚其舟，贼大败，脱登岸者又为陆兵所歼，焚溺死者万计。……论功，璘为首，（刘）綎次之，（麻）贵又次之。"[3]朝鲜国王盛赞陈璘"节下以楼船之师，扼贼于露梁，身先诸将，奋勇直前，碎其艅艎，俘斩无算。妖氛廓清，威灵远扬，盖小邦被兵七载，始见斯捷，沦亡之忧，变为愉快"。

① 黄学佳：《抗倭英雄陈璘》，广州：广东人民出版社，2010年，第25—43页。

② 喻政：《陈太保传》，转见胡文辉：《中国史上最壮阔的海战，是如何从历史书里抹去的》，http://www.zhidao.baidu.com，2016年07月10日。

③张廷玉等：《明史·陈璘传》卷247，北京：中华书局，1974年，第6409页。转见胡文辉：《国史上最壮阔的海战，是如何从历史书里抹去的》，http://www.zhidao.baidu.com，2016年07月10日。

四、陈璘抗倭的历史影响与当代意义

陈璘戎马一生，在四十六年的征战生涯中，参与的大大小小的抗倭战役不计其数，几乎是每战必胜，积累了丰富的海战经验，建立了永远彪炳史册的光辉业绩，深远的历史影响和重要的现实意义。陈璘早年追随抗倭名将俞大猷、张元勋等，在粤东一带扫清倭寇以及与倭寇勾结的土匪，捍卫了我国沿海人民的生命和财产安全，推动了明朝廷加强海防建设，为明朝海防和边疆的巩固做出了重大贡献。这对当前我国海洋国土安全教育、爱国主义教育，以及警惕日本军国主义复活等均具有重要的现实意义。陈璘晚年统领水师，取得抗倭援朝的最后胜利，挫败了日本征服朝鲜、侵占中国、图谋南洋的计划，为朝鲜复国、中国海疆安全、东北亚局势的长期稳定立下了汗马功劳，建立了不朽的功勋，这是其一生最大的功绩，具有深远的历史影响和意义。

其一，陈璘能征善战，既骁勇，又有智谋，既深谙兵法，又能因地制宜、活学活用，独创了许多灵活、实用的战法，因此陈璘虽征战无数，却鲜有败绩，充分表现了其杰出的军事指挥才能。陈璘戎马一生所积累的丰富的御倭平乱及海战经验，在军事上具有重要的参考价值和实践意义。比如在攻打勾结倭寇的诸良宝时，诸良宝逃回潮州老巢，坚守不出。其老巢“皆高山，惟以土垣深沟固垒……中间多绵丝坚甲，其火药如大发烦、百子铳等，号最精，并守以死士”[①]，不宜强攻。陈璘仔细观察敌情，研究了战场形势，“其根株窟穴所在，皆璘所亲记”，决定分兵两路，南北夹击，并亲自率军从北路进攻，又利用风向，发动火攻，“乘风纵火，

① 瞿九思：《万历武功录》影印本卷三《广东·诸良宝传》，北京：中华书局，1962年，第288页。

焚其战舰……以牛车载土及草，令士卒积草成山，积土与贼垣平，然后以柴草、火器抛掷入巢”。[①]最终“（殷）正茂复督诸将张元勋、胡震、陈璘等逐海贼诸良宝、林道干，尽倾其巢”。[②]陈璘还常常只身深入敌营，凭借出色的口才，晓以利害，说散敌众[③]，从而“不战而屈人之兵”，大大降低了战争的成本。再如在露梁海战中，陈璘善于准确判断战况，并根据变化了的敌情，及时调整战略部署，迅速转移兵力，依托岛岸，隐蔽待机，适时出击，成功地完成了这场以切断敌人海上退路为目的的规模巨大的海上歼灭战，这是世界海战史上最著名的战争之一，被列入世界古代八大海战之一，并入选西方军校教科书[④]，在我国海洋军事史上和在世界海洋军事史上均占有重要的一席之地。

其二，陈璘率领的中国水师在抗倭援朝战场上与朝鲜军队紧密配合，英勇顽强、舍生忘死、前仆后继，与敌人血战到底，为战争的最后胜利做出了重大贡献，也对加强中朝友谊做出了不可磨灭的历史贡献。中朝两国军民在战火中结下了深厚的友谊，这是当代中朝两国人民友好往来的桥梁和纽带。在露梁海战中，为阻拦岛津义弘的船队撤退，年过七十的中国老将邓子龙率领自己的旗舰，不顾一切地冲入日军船阵，成功地吸引了日军的注意，在数十艘日舰的围攻下，邓子龙的船只被火炮击中，

---

① 瞿九思：《万历武功录》影印本卷三《广东·诸良宝传》，北京：中华书局，1962年，第290—291页，转见刘祥学：《“贪将”抑或猛将？——再论明代名将陈璘》，《军事历史研究》2018年第1期，第65页。

② 顾廷龙主编：《续修四库全书738史部·地理类》，上海：上海古籍出版社，1996年，第484页，转见刘祥学：《“贪将”抑或猛将？——再论明代名将陈璘》，《军事历史研究》2018年第1期，第65页。

③ 李克玉：《抗倭名将陈璘军事活动述略》，《广东教育学院学报》2007年第1期，第91页。

④ 谭海清：《广东抗倭英雄陈璘纪事》，《小康》2014年第9期，第16页。

船身起火，部下劝邓子龙弃船，转乘小艇，暂避他处。他答：“此船即我所守之土，誓死不退！”他毅然地坚守在那艘燃烧的战舰上，直至战死。战后，朝鲜专门为邓子龙立庙祭祀。朝鲜水师统制李舜臣与陈璘共事了约七个月，两人从相识到相知，再到战争中患难与共、相互解围、合力血战，结下了生死之交。当陈璘得知李舜臣战死时无比悲痛，“跃而仆者三，击地大恸。两阵号哭，声殷海中”。陈璘与李舜臣的情谊是中朝人民在战火中结下的深厚友谊的见证。陈璘也因在援朝抗倭战争中英勇顽强、身劳心瘁、舍生忘死，为朝鲜复国做出了重大贡献，从而赢得了朝鲜人民的尊敬和爱戴。据史料记载：“自攻打倭巢及荡灭援倭，血战无虑数十番，而露梁、昆阳、昌善之役，从昏逮明，连昼复夜，毁舟七八百只，斩溺二万余名。”[①]后来当陈璘去世的消息传到北京，朝鲜在北京的使臣异常悲痛，亲自祭奠，并赋诗哀悼：“前身杨仆将舟师，碌碌黄金笑出奇；此日讴歌穷海沸，当时鬓白满车随；惟有终南与江汉，千秋不尽海邦思。”由于陈璘对朝鲜人民的贡献，清代其孙不甘做清朝臣民，漂洋过海到朝鲜的海南地区，受到了当地人民的保护，子孙世居海南山二皇朝洞。[②]韩国现在不仅有香火不断的陈璘庙、《广东陈氏族谱》，还有以明皇遗民身份聚居的陈氏村落。每年有不少韩国陈氏到陈璘的故土——六都镇来祭拜这位抗倭英雄。[③]习近平总书记2014年7月4日在韩国国立首尔大学发表的题为《共创中韩合作未来同襄亚洲振兴繁荣》的演讲中指出：“在历史上，每当面对危难时，中韩两国人民都相濡以沫、

① 转见陈标华：《陈璘文化的开发与传承》，《小康》2015年第24期，第73页。

② 康熙《韶州府志》卷十一《艺文志》，转见李克玉：《抗倭名将陈璘军事活动述略》，《广东教育学院学报》2007年第1期，第94页。

③ 徐南铁：《断垣残壁朝晖里》，《羊城晚报》，http://www.news.163.com，2013年07月11日。

患难相助。400 多年前，朝鲜半岛爆发壬辰倭乱，两国军民同仇敌忾、并肩作战。明朝邓子龙将军和朝鲜王朝李舜臣将军在露梁海战中双双殉职，明军统帅陈璘今天还有后人生活在韩国。”[①]据相关资料统计，陈璘在韩国的后裔超过 2000 人。[②]2015 年 11 月，陈璘在韩国后裔集聚地——韩国统营市的市长金东镇在接受《小康》杂志专访时称“陈璘是我们国家的恩人，永远留在我们的心里”，“中国和韩国是用鲜血浇铸成的联盟”。[③]由此可见陈璘的抗倭事迹在中韩两国的友好往来中的作用和意义。

其三，陈璘身上具有中华优秀儿女的许多优良品质值得后人学习和发扬光大。（1）他忠心报国，胸怀大义，心系国家安危，“恤苍生之苦”。陈璘中年被流言中伤三起三落[④]，但他从未消沉，一旦朝廷召唤，他随时待命，召之即来，来之能战，战之竭力，将个人生死和安危置之度外，如此非心系国家不能为也。（2）他初次入朝，面对朝鲜国王送来的礼物，他只礼节性地收下了一些土特产，其余贵重的金银财宝一概推辞不受：“不敢自外，拜人参、绵绸、绵纸，余附归璧，肃此为谢。”[⑤]由此可见其高风亮节之一斑。（3）在抗倭援朝战争结束后，明朝廷宣布“论功，璘为首”[⑥]，但他却不居功自傲，有功不贪功，为人谦虚、友爱，充分表现出了一个大将应有的胸怀、气节和操守。他上书明朝廷时曾称朝鲜将领李舜臣“有

① 高美：《习近平在首尔大学演讲：好邻居金不换》，《新京报》，http://www.china.com.cn，2014 年 07 月 05 日。

② 张玉荣：《希望中韩两国能越交越深——韩国统营市市长金东镇专访》，《小康》2015 年第 22 期，第 38 页。

③ 转见陈标华：《陈璘文化的开发与传承》，《小康》2015 年第 24 期，第 73 页。

④ 黄学佳：《抗倭英雄陈璘》，广州：广东人民出版社，2010 年，第 92 页。

⑤ 谭海清：《英雄为何“埋名”？》，《小康》2014 年第 9 期，第 27—28 页。

⑥ 王士禛：《带经堂诗话》，北京：人民文学出版社，1963 年，第 6406 页，转见颜广文：《区大相“壬辰之役”纪事诗的史学价值》，《学术研究》2011 年第 10 期，第 125 页。

经天纬地之才，补天浴日之功”。韩国学者撰文称：“陈璘回国后，在李舜臣的军营里发现了一些物品，即所谓‘八赐品’，现被指定为国家级宝物。韩国人认为八赐品是陈璘建议万历皇帝赏赐给李舜臣的礼品。八赐品给李舜臣生平事迹增添了光环，也更能激发韩国人的自信心与荣誉感。当今韩国人非常崇敬李舜臣，推崇他为‘民族圣雄’，并对李舜臣的生平事迹不断学习与传扬。由此，自然让人认识到八赐品的重要性，由八赐品又追忆到与李舜臣一同参战的中国明朝将领陈璘。可以说，对李舜臣的追慕越深，对陈璘的追忆与感激就越长久。”①

其四，陈璘将中国民间传统文化传播至朝鲜，为两国文化交流做出了积极贡献。中国东汉末年著名将领关羽，是刘备最为信任的将领之一。他去世后，逐渐被后人神化，一直是民间祭祀的对象，被尊称为“关公”，又经历代朝廷褒封，被尊为“武圣”，与“文圣”孔子齐名。在中国的传统文化中，关羽是一个代表“对国以忠、待人以仁、处事以智、交友以义、作战以勇”等中华民族传统美德的完美的形象，是“忠义”的化身。关帝在中国民间普受崇拜。陈璘将军在与朝鲜联合抗倭的过程中也将关帝信仰带到了朝鲜，焚香祭拜，奉为战神。战后，关帝庙被韩国正式认可祭祀，并被列入国家祀典体系，逐渐扩散到民间。②这体现了中华传统文化强大的生命力，也是两国友好往来的文化基础。

其五，抗倭援朝的胜利彻底击溃了入侵朝鲜的日军，挫败了日本侵占朝鲜、征服中国、再侵入南洋的企图。朝鲜得以复国，此次胜利对战

---

① 文智成：《韩国人对陈璘的回忆机制：神宗皇帝八赐品》，《赣南师范大学学报》2012 年第 2 期，第 52、58、59 页。

② 张玉荣：《希望中韩两国能越交越深——韩国统营市市长金东镇专访》，《小康》2015 年第 22 期，第 36 页。

后朝鲜300多年的和平局面的形成，起了重要的作用，也使倭寇在随后300年的时间里不敢觊觎中华，极大地影响了整个东北亚的地缘政治形势，奠定了这些地区近300年的稳定格局，在中国、亚洲，乃至世界史上均产生了不可忽视的历史作用和影响，具有非常重要的意义。

其六，陈璘抗倭援朝的胜利在三百多年后的中国抗日战争中极大地鼓舞了中国军队的士气，陈璘与倭寇血战到底的精神激励着中国人民英勇抗击日本侵略军，保家卫国。如在1938年11月至1940年5月，时任国民政府第四路军总指挥余汉谋指挥了两次粤北大会战，均重挫日军。在第一次粤北大会战打响前夕，为了鼓舞士气，增强战斗力和必胜信心，余汉谋上将亲自到翁源县龙田村祭祀供奉陈璘将军的陈太保祠，并当场奉祭联两副，一副为“专征伐以讨倭夷，辽海建奇功，民族英雄名不朽；闻鼓鼙而思将相，国人崇祀典，大明太保庙长兴”，另一副为“抗倭名将，民族英雄，文韬武略安邦国；都督总兵，大明太保，劳苦功高盖古今”。另外，陈璘抗倭援朝的胜利对当前我国加强海洋国土安全教育、加强爱国主义教育、加强海防建设、警惕日本军国主义复活等也同样具有重要的现实意义。

五、小结

陈璘在战场上纵横驰骋几十年，勇冠三军，功勋卓著，官至左都督，明万历帝赐联陈璘：“辟土开疆功盖古今人第一，出将入相才兼文武世无双。”他早年追随抗倭名将俞大猷、张元勋等，在粤东一带扫清与倭寇勾结的土匪，维护了地方社会安定，捍卫了我国沿海人民的生命和财产安全，推动了明朝廷加强海防建设，为明朝海防和边疆的巩固做出了重大贡献。尤其是其晚年统领水师抗倭援朝，挫败了日本侵占朝鲜、图谋中国的企图，为抗倭援朝战争的胜利、加强中朝友谊做出了不可磨灭的历史贡献，奠定了近三百年的东亚的稳定格局，在世界海洋军事史上也占有重要一席之地，具有深远的影响和现实意义。

参考文献：

[1] 黄学佳 . 抗倭英雄陈璘 [M]. 广州：广东人民出版社，2010.

[2] 陈芳斌 . 陈璘史实与传说 [M]. 北京：中国戏剧出版社，2005.

[3] 温应钿，陈次荣 . 陈璘传奇 [M]. 北京：中国文史出版社，2004.

[4] 中山大学历史系，翁源县委宣传部 . 陈璘史料 [G]. 广州：广东人民出版社，2018.

[5] 刘祥学 . “贪将” 抑或猛将？——再论明代名将陈璘 [J]. 军事历史研究，2018（1）：63-71.

[6] 严兴文 . 陈璘将军早期事迹考述 [J]. 韶关大学学报（社会科学版）. 1995 （1） ：93-95.

[7] 李克玉 . 抗倭名将陈璘军事活动述略 [J]. 广东教育学院学报，2007（1）：90-95.

[8] 严兴文，易铭湫，刘文霞，梁碧锜 . 抗倭名将陈璘早期事迹研究中的几个问题 [J]. 韶关学院学报（社会科学版），2019（4）：1-7.

[9] 白晨光 . 万历抗日援朝战争之露梁海战 [J]. 文史天地，2018(11)：72-74.

[10] 张金奎 . 从名将陈璘看晚明武官之政治生态 [J]. 安徽史学，2017（1）：55-60.

[11] 宋永泉 . 抗倭援朝名将陈璘 [J]. 文史天地 . 2016（11）：35-38.

[12] 张玉荣 . 为中国抗倭英雄陈璘正名——韩国韩瑞大学教授张庆姬专访 [J]. 小康，2015（2）：49.

[13] 张玉荣，吴维力 . 从国家层面打造“陈璘文化”[J]. 小康，2014(9)：

23.

[14] 谭海清 . 广东抗倭英雄陈璘纪事 [J]. 小康，2014（9）：16-22.

[15] 陈标华 . 陈璘文化的开发与传承 [J]. 小康，2015（24）：73.

[16] 梁市 . 翁源：古今对接推广“陈璘文化”[J]. 小康，2014（9）：34-35.

[17] 谭海清 . 英雄为何“埋名”？ [J]. 小康，2014（9）：24-28.

[18] 吴如功 . 壬辰战争陈璘“击杀石曼子”事迹及其传播考辨 [J]. 陕西学前师范学院学报，2016（12）：59-62.

[19] 张玉荣 . 云安陈氏后裔枝繁叶茂 [J]. 小康，2014（9）：36-39.

[20] 梁市 . 沧桑龙田 青山依旧 [J]. 小康，2014（9）：29.

[21] 张玉荣 . 拨开历史迷雾，还原真实的陈璘——对话云安县文化广电新闻出版局局长李妍姬 [J]. 小康，2014（9）：30-33.

[22] 文智成 . 韩国人对陈璘的回忆机制：神宗皇帝八赐品 [J]. 赣南师范学报，2012（2）：52-59.

[23] 颜广文 . 区大相“壬辰之役”纪事诗的史学价值 [J]. 学术研究，2011（10）：120-126.

[24] 陈泽泓 . 史志记述历史人物漫议——以明将陈璘事迹为例 [J]. 广东史志，2003（2）：48-56.

[25] 卢彩庆 . 明代援朝战争中的陈璘将军 [J]. 韶关大学韶关师专学报（社会科学版），1991（3）：56-57.

[26] 陈中材 . 信宜市文物志 [M]. 信宜：广东省信宜市文物志编委会，1992：49-52.

[27] 中共广东省委组织部，广东省人民政府地方志办公室 . 广东资政志鉴 [M]. 广州：广东人民出版社，2015：203.

[28] 张廷玉等 . 明史：第二十一册卷二百四十七陈璘传 [M]. 北京：中华书局，1974：6405.

[29] 沈丽华，邵一飞．广东神源初探[M]. 北京：大众文艺出版社，2007：199.

[30] 南澳县地方志编撰委员会．南澳县志第十九篇军事·海防，第二十五篇文物·名胜、大事记[M]. 北京：中华书局，2000：8，511，682.

[31] 中国科学院图书馆．稀见中国地方志汇刊：第44册[M]. 北京：中国书店，1992：1123.

[32] 张玉荣．希望中韩两国能越交越深——韩国统营市市长金东镇专访[J]. 小康，2015（22）：36-39.

明代名将陈璘的历史功绩

吴建新

（华南农业大学教授）

陈璘，字朝爵，号龙崖，广东东安县人（原籍翁源县），是万历年间广东的名将。文献说他“膂力绝伦，通兵略”。[①]他从一名低级将官出身，经历大小数百战，官至镇守广东总兵官，万历三十五年死于任上，追赠太子太保。陈璘是明代广东为数不多的战将，明代方志专家郭棐记载他的同行评价陈璘：“尝评公勇义如关云长，老练如赵充国，胆气如赵子龙，谋略如郭尚父”。[②]这是非常高的评价。本文试从以下方面说明他的历史功绩和军事才能。

一、陈璘平定内乱的军事才能及其对设立东安县的贡献

嘉靖、万历时期虽然是经济发达的时期，但是山海之间有不少“盗贼”。虽然这是由于当局政治腐败，人民赋役沉重引起的动乱，但也给社会经济的发展带来一定的负面影响。明朝统治者对这些“盗贼”采取剿抚并用的策略。陈璘在围剿“盗贼”的战争中脱颖而出。

陈璘最初的战斗是征伐潮州的林朝曦，并生擒其人，“以摧锋陷阵，

① 道光《东安县志》卷三《名宦志》。

② 郭棐：《粤大记》卷二十六，广州：中山大学出版社，1998年，第769页。

骁勇冠军，累奏奇捷”，一战成名，升广东都司佥事，继而进剿富霖等寨有功，在后来征伐韶州、清远大小罗山、揭阳等地的“盗贼”时，陈璘往往是“出奇兵攻破之”，显示了出色的军事才能。广东总督殷正茂向朝廷推荐他“胸中无一毫窥避，平生惟一片雄心，可当飞将之名，堪备副总之选”，可见他身先士卒，颇得士兵之心，“飞将”之名，只有汉代李广才能当之。

陈璘在广东最重要的战绩是参加围剿罗旁山的战役。罗旁山是明代瑶族聚居地，正统年间，明朝官员需索无度，已经引起瑶族的反抗。明代的瑶族有不少里甲制度瓦解时，逃到瑶区耕作的汉民，被称为“浪人”或是“伪瑶”。瑶田是不需要缴纳税金的，逃脱里甲的人逃入以大罗山为中心的瑶区，耕种瑶田。瑶田耕种粗放，往往是耕三年歇耕三年，这样瑶田需要很多歇耕地。越来越多的民众变为“浪人”“伪瑶”涌入瑶区。当时“罗旁东西二山相距，其中万山层叠，箐林丛密，而中多沃壤。正统间诸瑶盘踞为巢穴，四方亡命又从而羽翼之，谓之浪贼，四出寇掠，州里几墟”。[①]瑶族分布区蔓延，泷水县的战事日多，民田被占耕。有的西江上的疍民亦入瑶区为瑶，西江上的两广商路也受威胁。同时早年征发广西的狼兵与瑶族结合为乱。因此，解决罗旁山的瑶区是当时不得不进行的军事行动。万历元年，陈璘以参将驻守高州，三年“独当信宜一哨，缘崖韬险”，出其不意攻克对方聚集点，破罗旁瑶、狼兵的聚居地十数个，得钦赏银十五两。万历十年，陈璘“以条画两山事宜，钦赏银十两”。[②]

“条画两山事宜”是从军事、政治上彻底解决广东西部瑶族问题的方案，军事上解散瑶族武装，政治上将疆域较大的泷水县分为罗定州，

① 乾隆《东安县志》卷二《靖寇》。

② 郭棐：《粤大记》卷二十六，广州：中山大学出版社，1998年，第767页。

分设东安、西宁二县，设立军事、政治、文化机构，不仅设立军屯，还招徕流民耕种田地，重建里甲制度和进行赋役制度的改革。《粤大记》卷二十六记载陈璘因为“条画两山事宜”而获得十两银子的奖赏，说明他是设立罗定州和东安、西宁两县的策划者之一，而且东安、西宁、罗定州的县政和州政都取得了成功。陈璘驻守东安县是在万历五年，“督臣以山林方启，宜畀公世守以镇压之”。陈璘被任命为总兵，仍行参将事。陈璘驻守东安县之后，还发生了浙江兵兵变的事件，悍卒百余人叛乱，联合广西瑶族为乱，陈璘率兵迅速赶到叛军即将到达的地方——富霖，命令当地居民杀公鸡，夜晚报更的人不要打柝。叛军至，听不到公鸡叫和打更的声音，以为天尚未亮，都睡觉了，等天亮才行动。陈璘率军出其不意将叛军逐一歼灭。

在东安，陈璘以军职行文官事。史载：“公既任，于是经略善后，招流亡，抚瑶壮，无不畏威怀德者。”[①]这个记载很重要，说明了在军事行动之后，陈璘采取了发展农业的措施，招徕流民来耕种荒芜的土地，使原来不服王朝统治的瑶族和壮族慑于陈璘的威望而定居下来。陈璘将混入瑶族中的“浪人”和“伪瑶”清出，编入里甲，耕种田地，收赋税，让真正的瑶族定居在瑶区，确认其瑶族身份，当时云浮设瑶官四名，瑶总一名，瑶甲二十三名，瑶众四百六十四名，居二十二峒。这些瑶族在清代乾隆年间“渐染民俗，生齿日繁，至有事绽诵而列子矜者”。[②]陈璘恢复的里甲制度在清初仍起作用。顺治十六年，广东政局尚未稳定，东安县“向有警息”，“知县路酌度形势，严行保甲，附城厢长各堡乡长俱择公正

① 道光《东安县志》卷三《名宦志》。
② 道光《东安县志》卷四《外纪》。

克当督率壮勇守望相助，设立循环警筹，轮流交递信息，守御有备，奸宄潜消”。[①]虽然东安县的商品性农业不发达，还是自给自足的自然经济，但立县之后，“力田者多，山林隙壤，日就开辟”。[②]这对瘴疠的清除很有用处。清代东安县以铁的出产为多，“向设炉座，或煽或停”，产出的生铁运往佛山，为佛山冶铸业提供原料。土产还有藤、蜜糖、乌桕茧、黄蜡、棉花（紫白二种）、油（茶麻菜及果子各种）、香、木耳、白藤、席、石器、茶（出西山）、薯莨、纸（出西山）。[③]清代东安的经济发展是从“地望”的形成开始的，也就是从万历年陈璘治理东安开始的。所以《东安县志》将陈璘放在名宦志的第一位，以彰显他的贡献。

二、陈璘对抗击倭寇的贡献

陈璘最大的战绩是在朝鲜抗击倭寇的战斗，充分显示了他的军事才能。万历中，丰臣秀吉完成了统一日本各岛的进程，并企图先侵略朝鲜，再征服琉球、菲律宾甚至中国，这是中日战争史上日本“南进”计划的发端。1590年，丰臣秀吉致书朝鲜国王，要求借道朝鲜进攻中国，强烈显示了日本的野心，朝鲜拒绝。1592年，倭寇攻下朝鲜釜山，朝鲜国王向中国请求救兵。

万历二十年，明军援朝，在平壤大败倭寇，倭寇求和，八月明军班师回国。但倭寇不守信用，又派兵攻下朝鲜釜山，并向朝鲜纵深进攻。明朝兵部尚书邢玠总督蓟、辽军入朝。打击倭寇需要水师，邢玠上书朝廷，认为非南方水师不可。二十年，朝鲜用兵，以璘熟倭情，命添注神机七

① 乾隆《东安县志》卷二《靖寇》。
② 乾隆《东安县志》卷一《风俗》。
③ 乾隆《东安县志》卷三《物产》。

营参将，至则改神枢右副将。无何，擢署都督佥事，充副总兵官，协守蓟镇。明年正月，诏以本官统蓟、辽、保定、山东军，御倭防海。会有封贡之议，暂休兵，改璘协守漳、潮。万历二十六年二月，陈璘升任备倭总兵官，提督水军，有战船数百艘，将士十三万余人。当时朝鲜起用名将李舜臣，统帅水军，和陈璘并肩作战。陈璘很快控制了重要海道的出海口。九月，中朝联军陈兵倭桥，切断了倭寇的兵粮和小西部松浦等日军大名的退路。初，贼泛海出没，官军乏舟，故得志。倭寇见陈璘舟师，惧不敢往来海中。正当陈璘等要围歼倭寇，明军另一首领刘綎私下与倭寇小西行长等议和。敌军首领要求陈璘退军，陈璘不从。当明军将领刘綎独自退军，陈璘愤怒地手撕其帅旗。倭寇见议和不成，便行突围，并向其他地方的倭寇求援。朝鲜名将李舜臣和陈璘并肩作战，在今韩国庆尚南道河东东南海面与倭寇展开决战。当晚，李舜臣和陈璘为夜攻做准备。李舜臣在船上焚香默祝："若歼斯仇，死亦无憾。"朝军和明军各居一处埋伏以候倭寇到来。夜半时，倭寇船五百余到达海面。中朝两军突出，向敌船投火，延烧贼船。倭寇退入港口躲避。中朝军大进，倭寇船无退路，遂死抵抗，围住李舜臣军船，陈璘突入围中救李舜臣。倭寇船又围陈璘的船只。李舜臣船又来救陈璘船。贼首三人坐楼船上督战，被李舜臣用精锐攻击，杀其一。倭船尽舍陈璘船而集中攻击李舜臣船，陈璘群船与朝船合击，发虎蹲炮，连碎贼船，但李舜臣也被飞弹击中，受重伤。李舜臣命士兵用盾牌遮住他，不要发丧，遂绝。麾下将兵如其言，加紧进攻。到日午，倭船大败，仅五十余艘敌船逃脱。脱登岸者又为陆兵所歼，焚溺死者万计。陈璘见李军多取倭首级，惊闻李舜臣毙，发丧，"跃而仆者三，击地大恸"，两阵号哭声震海中。后来陈璘率水军又击杀敌船于半洋，歼其徒三百余。贼退保锦山，官军挑之不出。已，渡匿乙山。崖深道险，将士不敢进。璘夜潜入，围其岩洞。比明，炮发，倭大惊，奔后山，凭高以拒。将士殊死攻，贼遁走。璘分道追击，贼无脱者。论功，璘为首。延续了七年的中朝日大战终于以倭寇惨败告终。

这次大战，在东亚史上具有非常重要的意义。当时明朝已是强弩之末，如果该战不能胜，势必严重影响明朝的军力，对辽东作战也非常不利。这一战结束了丰臣秀吉的战争梦想，使日本的南进计划，拖延了近四百年才能实现。日本经过这一战，也势殚力竭。因为它是一个扩张型的岛国，如得胜，东亚史可能是另一番景象。所以，此次抗倭之战，陈璘的历史功绩是很大的。而且，他在战斗中显示出来的勇武毅力、军事智慧和爱国主义精神，具有重要的历史价值。

结语

陈璘是明代军事史上难得的飞将。以愚见，将陈璘放在中日军事史上，其地位是重要的，我认为可与抗倭名将戚继光比。因为陈璘出名起于东安，我认为云浮市可以利用这一文化资源，将陈璘和云浮历史上其他抗战人物一起，建设一个“陈璘博物馆”或“陈璘与中日战争史博物馆”。仅供参考。

参考文献：

[1] 明史：卷 247 陈璘传 [M].

[2] 蒋祖缘 . 广东通史古代下册 [M]. 广州：广东高等教育出版社，2006：601-604.

试论陈璘研究综述及发展前瞻

邓辉

（广东农工商职业技术学院副教授）

摘要： 陈璘是明代著名将领，他率军抗倭援朝、讨贼荡寇，立下了不朽战功，从 20 世纪 90 年代开始被学界关注和研究。本文对近三十年来陈璘研究进行梳理，展开对陈璘文化创造性转化与创新性发展的路径选择分析和总结，并就现有的陈璘研究的发展态势，对如何进一步深化拓展陈璘研究路径及数字化建设进行探讨和论述。

关键词： 广东；南江流域；研究现状；前瞻

陈璘，《明史》载："陈璘，字朝爵，广东翁源人。嘉靖末，为指挥佥事。"[1]《东安县志》载："陈公名璘，字朝爵，号龙崖，韶州翁源县人。膂力绝伦，通兵略。"[2]《翁源县志》载："陈公讳璘，字朝爵，号龙崖，韶州翁源县人。少倜傥，有大志，不事家人产。膂力绝伦，好任侠，结交多贤豪，相与谈剑术，讲韬略，尽得其秘。"[2] 陈璘祖籍福建，其父在乡间以农业种植为业，陈璘少时虽为乡民，但志存高远，喜欢和社会贤达交往，探讨和研究军事韬略，投军以后，短短几年时间便升迁为一州最高军事长官，他有勇有谋，英勇善战，尤其是在露梁海战役，率水师全歼日军，厥功甚伟。至今在云浮地区还流传着"陈璘咁大功劳"① 的俚语。

① 该俚语表面上是在夸某个人的功劳大，可以和陈璘相提并论，但实际上是说其功劳不如陈璘的功劳大。

近年来，学界对于陈璘的研究有所升温，但仍然处在研究的初期，为了更好地研究陈璘这位岭南名人，传承和保护陈璘文化资源，使人们认识陈璘精神在当代社会的重要价值，我们有必要对近年来陈璘研究现状及发展前瞻做一梳理，求教于大方之家。

一、陈璘研究的发展历程

国内对于陈璘的研究，总体来说成果还是较少，从中国知网搜索到直接以陈璘为题名的文章有 21 篇，以陈璘为主题的文章有 33 篇，研究大致呈现以下几个阶段。

第一阶段：1991—2007 年。这一阶段主要是对陈璘的军事事迹方面展开研究，通过中国知网查询到最早公开发表的论文是 1991 年的卢彩庆的《明代援朝战争中的陈璘将军》[3]（《韶关大学韶关师专学报》社会科学版 1991 年第 3 期）一文，该文对陈璘的一生进行了介绍，肯定了他在抗日援朝方面的贡献。该文篇幅不长，现在看来更多地趋向对陈璘的个人简介，但是对接下来开展陈璘的研究奠定了基础。这一时期，属于陈璘军事事迹研究范畴的有：严兴文的《陈璘将军早期事迹考述》[4]（《韶关大学学报》社会科学版 1995 年第 1 期），该文根据地方志及族谱等有关史料，绘制了陈氏家世的表，对陈璘早期作战活动进行了详述，并探讨了陈璘起家的原因。1998 年，韶关大学邀请时任韩国汉城放送通信大学教授的陈邦植先生来校做“陈璘研究”学术报告，陈邦植先生为陈璘将军的第十三世孙，是陈璘将军的孙子陈诏移居李氏朝鲜后繁衍的后裔，他出版有《陈璘提督与壬辰倭乱的终结》等著作。2002 年 12 月 8 日，《羊城晚报》报道了《陈璘后裔翁源祭祖宗》消息。《广东史志》（2003 年第 2 期）刊发了陈泽泓的《史志记述历史人物漫议——以明将陈璘事迹为例》[5]，对陈璘生平事迹进行述介，并以之为例，兼述对史志记述历史人物的看法。李克玉的《抗倭名将陈璘军事活动述略》[6]（《广东教育学院学报》2007 年第 1 期）认为陈璘在抗倭援朝战争中建立了不朽的功勋，是一位有高度责任感和献身精神的正直军人和真正的民族英雄。

第二阶段：2012—2015 年。这一阶段主要为陈璘正名，并提出要还原真实的陈璘，云浮云安和韶关翁源都提出了要打造“陈璘文化”品牌。文智成的《韩国人对陈璘的回忆机制：神宗皇帝八赐品》[7]（《赣南师范学报》2012 年第 1 期），该文作者为韩国人，他从神宗皇帝下赐的“八赐品”出发，认为神宗皇帝八赐品构成当今韩国人对陈璘的回忆机制。值得一提的是，2014 年 7 月，习近平到韩国国立首尔大学做了题为《共创中韩合作未来，同襄亚洲振兴繁荣》的精彩演讲。他提到：“历史上，每当面对危难时，中韩两国人民都相濡以沫、患难相助。400 多年前，朝鲜半岛爆发壬辰倭乱，两国军民同仇敌忾、并肩作战。明朝邓子龙将军和朝鲜王朝李舜臣将军在露梁海战中双双殉职，明军统帅陈璘今天还有后人生活在韩国。”陈璘，这位明代从岭南乡间走向皇都殿堂的抗倭英雄，在习近平总书记提及之后，立即引起了中韩两国人民的瞩目，也为研究陈璘营造了良好氛围。同年 8 月，《求是》属下的《小康》杂志立即推出了《发现陈璘——总书记赞赏的广东抗倭英雄》专题报道，力求挖掘曾被长期埋没的陈璘英雄事迹。时任云浮市云安区委副书记的吴维力提出要从国家层面、历史角度提炼出陈璘精神，结合优秀传统文化、社会主义核心价值观着力打好“陈璘文化”牌，在注意力经济时代用好用活陈璘资源。[8]《小康》杂志记者张玉荣还专门对韩国韩瑞大学教授张庆姬做了专访，她提出要用证据说话，用事实对抗，为中国抗倭英雄陈璘正名。[9]

第三阶段：2016—2019 年 10 月。这一阶段主要是打响陈璘品牌，出现了有较高的学术价值的研究。郑洁西的《万历朝鲜战争第一阶段中的陈璘》[10]（《暨南史学》2016 年第 9 期）将研究视野避开万历朝鲜战争第二阶段的研究热点，转而关注战争第一阶段（1592—1593）的相关活动情况，认为陈璘在万历朝鲜战争第一阶段的活动与他在战争第二阶段的赴朝抗倭是一脉相承的。朱皓轩的《陈璘与平播之役》[11]（《陕西学前师范学院学报》2016 年第 12 期）认为陈璘的播州之役是其军事生涯的巅峰，为明廷最终平定杨应龙之乱奠定基础。吴如功的《壬辰战争陈璘“击杀石曼子”事迹及其传播考辨》[12]（《陕西学前师范学院学报》2016 年第 12 期）分析陈璘在壬辰战争期间同岛津义弘（石曼子）交战之史实及明清史书中对陈璘“歼石曼子”一事的传播与演绎过程，对陈璘将军在这一时期的军事活动进行考辨，以求史实上的去伪存真。中国社会科学院张金奎的《从名将陈璘看晚明武官之政治生态》[13]（《安徽史学》2017 年第 1 期）在肯定万历援朝战争和平定播州之役陈璘厥功至伟的同时，还指出应看到当时在考选权被文官集团垄断和官场腐败日渐严重的背景下，他不得不把一部分精力放在应对各种干扰上，他的经历亦因此成为这一特定政治生态下的典型例证。值得一提的是在 2017 年 12 月 15 日，韩国总统文在寅在北京大学做题为《中韩青年紧握双手，共创美好辉煌未来》的演讲中再次提到“韩国现在有 2000 多名陈璘将军的后代”。韩国总统文在寅提到的是从陈璘之孙陈泳溸在韩国皇朝里生活开始已有 370 余年了，其后代目前在韩国有近 300 户。事实上，为陈璘正名一直未有中断，关于陈璘的贪黩亦需正名，刘祥学的《“贪将”抑或猛将？——再论明代名将陈璘》[14]（《军事历史研究》2018 年第 1 期）认为他的贪黩有其历史局限性，但更是明末官场生态这个大环境造就的结果。林傲霆的《浅析陈璘在近现代前后韩国形象的转变》[15]（《才智》2019 年第 3 期）就近现代前后陈璘在李氏王朝以及后世韩国的人物形象转变进行分析。严兴文等的《抗倭名将陈璘早期事迹研究中的几个问题》[16]（《韶关学院学报》2019 年第 4 期），从其客家基因、社会环境、忠义表彰、募兵制度、个人因素等方面分析陈璘走上尚武国迁之路，可弥补前期对陈璘研究的不足。

二、陈璘文化创造性转化与创新性发展的路径选择

近三十年学界对陈璘的研究已取得了一些宝贵成果，但目前还有许多学术问题的研究尚未展开。新时代我们要发挥陈璘文化资源优势，让陈璘文化创造性转化与创新性发展，可以从以下几个方面进行路径选择。

（一）走时代化路径

当前，陈璘研究迎来了重大的历史机遇，我们可以看到从 2014 年习近平总书记在韩国演讲中提到陈璘之后，短短不到五年时间就有 15 篇文章。面对信息高速发展以及经济全球化，我们首先要做的就是不负时代，在社会主义核心价值观引领下，适应“一带一路”倡议、“粤港澳大湾区战略”、“乡村振兴战略”需要，进行陈璘资源保护、挖掘及利用研究。“空间人文”是由“数字人文”发展过来的一种研究方法，它是“对地理以及构筑的空间与文化、社会间交互影响的明确认识，融合了传统上对文化、图像、经验等差异的关注，以及系统化的模型分析和虚拟现实等方式分析与传达，动态地连接了时间、空间和文化”[17]。陈璘一生征战无数，我们有必要基于空间人文视野对陈璘征战一生的军事功绩进行数字化的处理，重视对文本与档案的标注与再现，将收集的档案、数据、文本等进行数字化处理并分类整合，建立地理信息系统（GIS）数据库。在研究上，注重提取文本中人对场所是如何记录、描述、感知与认知的相关内容，用网络互动地图将陈璘一生行迹与战役的时间、地点都收集在数据库中进行直观展示，这样不仅可以重现全面且富含细节的陈璘著名战役本身，还可以揭示出当时的社会文化和历史语境下对陈璘征战的描述与认知。例如 Anne Knowles 曾用地理信息系统（GIS）数据库重建了美国南北战争的军事转折点葛底斯堡（Gettysburg）战役[18]，当时南方统帅罗伯特·李（Robert E. Lee）将军在缺乏详细军事地图的不利条件下，尤其是在对战场环境无法判定的前期，在葛底斯堡（Gettysburg）郊野环境中以视

觉观察整个战场的空间以做出局势的判断。以此为例，我们也可以为陈璘在露梁海等重大战役建立地理信息系统（GIS）数据库。

（二）走大众化路径

在云浮地区至今还流传着不少陈璘的民间传说，这些传说还是依据一定的历史事实衍生出来的，它们最初是在陈氏族人口中流传，后逐渐流传开来，慢慢形成民生、讨贼、平寇等系列。由于数量多，加之故事本身动人，因此深受民众喜欢，不过随着社会发展，休闲娱乐方式呈现多样化，口口相传形式日渐式微，陈璘传说日趋濒危，这也引起了当地政府的重视。对此，云浮市做了大量拯救陈璘传说的工作，2008 年建设了陈璘史迹馆，出版了《抗倭英雄陈璘》，并面向民众免费开放史迹馆和发放书籍，受到了当地民众欢迎，在围绕陈璘“一战、一生、一族”生平事迹收集文物的同时，还积极开展申报省级非物质文化遗产项目。2012 年，陈璘传说被列入广东第四批省级非物质文化遗产名录，2019 年，麦柏森也被列入广东省第六批省级非物质文化遗产代表性项目代表性传承人名单，成为陈璘传说的传承人。为了擦亮陈璘云浮文化名片，云浮还在陈璘当年主要驻扎营地的大云雾山建设主题公园，2019 年 3 集古装微电影《陈璘传奇》在广州成功拍摄。这些都说明了将军精神深入民心，我们要坚定不移地走大众化路径。

（三）走世界化路径

陈璘是中韩友谊的见证，生活在韩国的陈璘后裔们始终未忘与故乡的交流互动，世代相传中韩友谊。从 1994 年至 2014 年，陈璘韩国后裔曾 10 余次回韶关翁源县省亲访问，2012 年陈氏宗祠被列为省文物重点保护单位，2014 年 9 月，翁源县还在县城博物馆里专门开设了陈璘史迹陈列馆，陈璘韩国后裔也和翁源后人一起举行祭祖仪式，弘扬先人风骨。2015 年 11 月，在陈璘韩国后裔的推动下，韩国统营市与云浮市达成结成友好城市意向，时任统营市市长的金东镇对陈璘的抗倭事迹及中韩两国的友好往来给予了高度评价。云浮市云安区和韶关翁源县也派出代表数次至韩国全罗南道海南郡的皇朝里（今称德松里）访问，加强彼此间的联系和情感交流。应该说，打造陈璘文化品牌，传承和弘扬陈璘文化精神，既顺应时代潮流，又是国际性眼光的展现。从以往的名人资源的整合开发和应用的经验来看，重视文化传承下的精神引领是关键因素。陈璘文化创造性转化与创新性发展同样需要国际性的眼光，走世界化路径，以全球文明大势作为未来发展前景的视域，通过互联网、人工智能技术等现代科学技术主动讲述陈璘文化故事，传播陈璘文化正能量，为世界更多民众提供社会服务。

三、新时代陈璘研究的发展前瞻

云浮是广东南江流域的核心区域，它脉承百越文化源流，有着良好的生态环境、优美的自然景观和具有丰富文化历史内涵的人文景观。事实证明，云浮对于地域内的陈璘文化资源有了自我体认，对其文化的价值、地位和作用有了一定程度上的正确把握，展望未来，云浮的文化自信可以表现为保持对自身地域内文化生命力的坚定信念，我们可以就此来推进陈璘研究的发展。

（一）基于地域文化视域，继续深化对陈璘的研究

俗语言“一方水土养一方人”，陈璘从出生地翁源迁到东安（今云浮云城区、云安区），并在此留下了不少历史遗迹，尤以龙崖陈公祠及周边的历史遗迹最为著名，目前已经建有陈璘博物馆，馆内设有陈璘雕塑、碑刻和牌匾等文物。在抵抗日本侵略方面，云浮地区明代有陈璘将军，近代有蔡廷锴将军，两者是云浮重要的文化名片。1932 年 1 月 28 日，身穿单衣的十九路军勇士们在蔡廷锴将军的率领下坚决抗战，一举粉碎了日军不可战胜的神话，掀起全国抗日救国的热潮，奏响了浩气长存的爱国主义壮歌。由此而言，以地域文化视域作为切入点来研究陈璘文化，是一个追溯历史的旧话题，亦是一个可以再次进行开拓和扩展的新话题。

（二）基于文化创意视域，继续关注陈璘文化的当代化走向

在信息全球化的今天，文化与科技加速融合发展，国际文化竞争日益激烈，文化创意产业便被推向国际竞争的前沿阵地。作为一种新兴产业，文化创意产业以文化创造力为核心，通过创意创新整合资源，创新与重塑地方政府与社会多元主体协同运作来保护陈璘文化资源的模式与方法策略，以便使得陈璘文化资源保护工作得以稳步有序地向前推进，我们要着手研究陈璘文化产业发展，应以“互联网+”为平台、“文化+”为核心、“科技+”为驱动，探索其文化传播新方式、文化科技融合新模式、文化科技创新新模式，在以“文化+旅游”的发展方式奠定基础的同时，探索以“文化+科技”思路来寻找未来陈璘文化产业未来发展的突破口。

（三）基于文化资源的传承与保护视域，适时建立陈璘文化资料库及数字博物馆

陈璘文化资源包括两个方面，即物质文化遗产和非物质文化遗产。云浮云安龙崖陈公祠、韶关翁源陈氏宗祠等都属于物质文化遗产资源，而在云浮民间流传的陈璘故事及传说都属于非物质文化遗产资源。陈璘传说已进入广东省非物质文化遗产名录，具有重要的文化保护价值。要传承和弘扬陈璘文化，我们可以适时建立陈璘文化资料库及数字博物馆，把学术研究与国家保护和抢救非物质文化遗产的政策自觉结合起来。我们可以把在云浮的陈璘相关史料，现存资料，以及祭祀陈璘期间的表演艺术与技术等进行数字化处理，例如在对云安龙崖陈公祠的数字化建设中，我们可以对古祠堂本身的数据进行记录，使用满足古建筑数据记录的mysql和SQL Server等关系型数据库管理系统软件，通过对数据分析和探讨，利用计算机技术与先进的影像技术将古建筑空间的各项信息加工成为模型、声音、图片、视频等多媒体展示的数字化信息。同时，可采用三维激光扫描仪、三维场景建模和摄录一体机等设备和方式对陈公祠内的对联、碑帖信息进行数字化采集，录入计算机系统中，对信息进行可视化处理、加工与存储，制作信息库。所建立的数据库还应实现信息的查询、修改以及检索等多种功能。数字化展示能够实现对陈公祠内容展示，但更重要的是利用交互界面、全息投影、AR（增强现实）与VR（虚拟现实）等技术为观众呈现多样化的交互性古建筑文化信息。通过设置数个平台模块如陈公祠文化溯源、陈公祠360度全景漫游等三维模型漫游、陈公祠村落规划漫游与数据展现等进行系统的数字化建设，在祠堂内增设展示空间配合数字化展示的载体，进行有关陈璘将军精神的教育及传播。同时，还可将成果送呈全国文化信息工程，实现资源共享。这样一方面能永久保存这一历史遗存，另一方面有利于世界各地的人们了解陈璘文化这一优秀文化遗产，这对于实施文化强省战略，服务“一带一路”倡议、“粤港澳大湾区战略”和“乡村振兴战略”有着重要的支撑作用。

总的来说，近三十年来的陈璘研究呈现许多可喜的景象，也取得了诸多研究成果。从政府层面来看，云浮市云安县（今云安区）最早提出要为陈璘正名，要从国家层面、历史角度提炼出陈璘精神，结合优秀传统文化、社会主义核心价值观角度去打造陈璘文化品牌，得到了当地民众的拥护和支持。展望未来，云浮市云安区、韶关市翁源县及韩国全罗南道海南郡、莞岛郡还需开展更多的有关陈璘文化的联动交流，对陈璘研究还需上级领导、科研机构及云浮本地专家学者的支持及努力。唯其如此，我们才能更好地打响陈璘文化品牌，传承及弘扬陈璘精神。

参考文献：

[1]张廷玉等．明史[M].北京：中华书局，1974：3593.

[2]涂泽寰．抗倭名将陈璘[M].广州：新世纪出版社，1994：150，147.

[3]卢彩庆.明代援朝战争中的陈璘将军[J].韶关大学韶关师专学报(社会科学版)，1991(3)：56-57.

[4]严兴文.陈璘将军早期事迹考述[J].韶关大学学报(社会科学版)，1995(1)：93-95.

[5]陈泽泓.史志记述历史人物漫议——以明将陈璘事迹为例[J].广东史志，2003(2)：48-56.

[6]李克玉.抗倭名将陈璘军事活动述略[J].广东教育学院学报，2007(1)：90-95.

[7]文智成.韩国人对陈璘的回忆机制：神宗皇帝八赐品[J].赣南师范学报，2012(2)：52-59.

[8]张玉荣，吴维力.从国家层面打造“陈璘文化”[J].小康，2014(9)：23.

[9]张玉荣.为中国抗倭英雄陈璘正名——韩国韩瑞大学教授张庆姬专访[J].小康，2015(2)：49.

[10]郑洁西.万历朝鲜战争第一阶段中的陈璘[J].暨南史学，2016(9)：149-156.

[11]朱皓轩.陈璘与平播之役[J].陕西学前师范学院学报，2016(12)：63-67.

[12]吴如功.壬辰战争陈璘“击杀石曼子”事迹及其传播考辨[J].陕西学前师范学院学报，2016(12)：59-62.

[13]张金奎.从名将陈璘看晚明武官之政治生态[J].安徽史学，2017(1)：55-60.

[14]刘祥学.“贪将”抑或猛将？——再论明代名将陈璘[J].军事历史研究，2018(1)：63-71.

[15]林傲霆.浅析陈璘在近现代前后韩国形象的转变[J].才智，2019(3)：238.

[16] 严兴文 . 抗倭名将陈璘早期事迹研究中的几个问题 [J]. 韶关学院学报，2019（4）：1–7.

[17]BODENHAMER D J.Beyond GIS:The Promise of Spatial Humanities[EB/OL].(2014-11-07)[2017-07-24].West Lafayette:Presentation in PURDUE university.

[18]WONG K.General Lee’ s Bird’ s Eye View[EB/OL].(2008-01-15)[2013-04-08].http://www.cadalyst.com/gis/general-lee039s-eye-view-9236.

陈璘文化及其现代价值初探

岑晓玲

（云浮市云安区委常委、宣传部部长）

摘要： 陈璘文化，属于南江文化范畴。当前，省内外不少专家学者对南江文化颇感兴趣，但把陈璘文化放在南江文化范畴里研究的却属凤毛麟角。本文立足云浮实际，放眼全省乃至国内外，就如何发掘南江传统文化中的陈璘文化，促进文化产业的发展，推动云浮经济社会建设做出分析和探讨。现代价值探讨思路明确、切合实际，对云浮提出加快打造特色文化品牌，发展民俗文化旅游产业的构思极具操作性和现实性。

关键词： 陈璘文化；现代价值；开发利用；广东云浮

云浮古称“三罗”（明万历设置的罗定州、西宁县、东安县统称“三罗”，主要地域为今罗定市、云安区、云城区、郁南县），具有深厚的历史文化底蕴，蕴涵着无限的文化生长空间和市场拓展空间。多年来，云浮市围绕着文化强市的发展战略，狠抓禅宗文化、云石文化和南江文化三大文化品牌，努力将云浮市打造成文化强市和经济强市。陈璘文化，属于南江文化范畴。当前，省内外有不少专家学者对南江文化颇感兴趣，但把陈璘文化放在南江文化范畴里研究的却属凤毛麟角。本文立足云浮实际，放眼全省乃至国内外，就如何发掘南江传统文化中的陈璘文化，促进文化产业的发展，推动云浮经济社会建设做出分析和探讨。

一、关于陈璘文化

（一）陈璘文化的概念

陈璘文化的概念，是云浮市云安县（云安于2014年撤县设区）率先提出来的，是指历史人物陈璘的史迹、著作及受其影响而派生出来的民间传说、熟语、物产、习俗、人文精神特质等一系列文化现象。云安县委四届七次全会把云安县的传统文化定位为“陈璘文化、歌墟文化、祠庙文化、红色文化、石艺文化、生态文化”等六大文化品牌，陈璘文化列于首位。

（二）陈璘文化的衍生

1. 陈璘的基本事迹

据《明史·陈璘传》《东安县志·太保陈龙崖公传》及南乡《陈氏族谱》的记载，陈璘，字朝爵，号龙崖，明嘉靖年间出生于广东翁源县周陂龙田村。嘉靖四十一年（1562年），陈璘应募入伍，献策督府，得赏识，立委把总之职，随后接连平息潮州、韶南、翁源、英德、河源、乳源、新丰、清远、从化、揭阳、普宁、饶平等地起事。1575年5月，晋授肇庆游击将军。1576年4月，改调军高州、晋授参将，随总督凌云翼平息罗旁起事。1577年，经朝廷批准，在罗旁地区设立“一州两县”（罗定州、东安县和西宁县）。东安设县后，陈璘改任东山参将，领副总兵衔，并奉命举家从翁源迁到东安南乡（今云浮市云安区六都镇南乡村）定居，负责罗旁善后事务。1596年，两粤相继有事，总督陈大科檄于其家，陈璘遂以无官之身，毁家募勇，率子弟兵从戎。1598年，东倭侵朝，陈璘任御倭总兵官，领水兵援朝，大败东倭水兵，立征倭首功。1600年至1602年，奉命平息播州、湖广省皮林、贵州等地起事。1604年，晋叙左都督，任贵州总兵。1606年7月，改任广东总兵，次年5月卒于任上。明万历皇帝高度肯定其功绩，赐联曰“辟土开疆功盖古今人第一，出将入相才兼文武世无双”，封赠“太子太保”，荫一子本卫，世袭百户。1609 年，万历皇帝下旨准照祭如六坛，遣官造葬，墓址在东安六都（今云安六都镇）莲花山。

2. 陈璘的历史地位和主要功绩

陈璘作为明代中晚期的百战名将，以白身投入行伍，征战南北，鏖战中外，历经嘉靖、隆庆、万历三朝，参与“万历三大征”中两征（朝鲜之役、播州之役），戎马一生，战功显赫，勇谋胆识兼备，攘外安内并举，成就其定国安邦之军事名将和援朝抗倭之民族英雄的历史地位。综合陈璘一生的功绩，主要体现在四个方面。

（1）剿匪息乱。1562 年至 1577 年，平定各地起事或匪乱。明嘉靖四十一年（1562 年）是陈璘戎马生涯的起点。随后在为广东守备的十余年间，陈璘一路征剿粤北“盗匪马三、李富等部”，粤东“土匪赖元爵”“岭东残寇”“阳田心贼”“普宁南陂贼”“揭阳官岭贼”“饶平海贼”，再到粤西“高要邓胜龙叛军”“大小罗山诸贼”“西山贼”“清远贼”等叛军匪贼，身经百战，迭出奇略，屡建奇功，充分展现了其军事方面的奇谋才智、指挥才能和战略才华，因功历次升任指挥佥事、广东守备、都指挥佥事、佥书广东都司、肇庆游击将军，乃至跃升为正三品的广东参将、镇守高州，开启了他能征善战、战功卓著的“名将之路”，为朝廷实现兴邦安民战略做出了积极的贡献。

（2）善后安民。1577 年至 1584 年，善后三罗地区，使之稳定和发展。罗旁之乱平息后，两广总督凌云翼认为山林方启（罗旁之乱初平），虑有反覆，应选一员大将世代驻守此地，方可保一方平安。于是报请朝廷加陈璘副总兵衔，让其奉命举家迁至东安定居。为使东安这个初建县尽快正常运作，陈璘发动军民共建县城，营建军营，建造公署、桥梁、道路等。不出几年，东安呈现“狼烟息警，山城如画，行者歌，居者宁”的大好局面。陈璘还捐资募士以充戍守，并“筑室分田，以世兹土”入籍东安，将自己融入当地百姓之中。可以说，陈璘为东安建县倾注了感情和心血，为东安社会安定和民生建设做出了不可磨灭的贡献。其在三罗地区的丰功伟绩有口皆碑，一句“陈璘咁大功劳”俗语在三罗地区已传颂了四百多年。

（3）援朝抗倭。1592 年至 1598 年，主要在东部沿海地区抗击倭寇和赴朝抗倭。其中，陈璘以明水师提督身份指挥了亚洲海战史上著名的“露梁海战”。这是一场 400 余年前明朝援助朝鲜反对日本侵略、由中朝联军单独进行、以切断敌人海上退路为目的的海上歼灭战，被美国西点军校教科书评为“世界古代八大海战之一”。综观露梁海战之役，中朝联军给侵朝日军以歼灭性的重大打击，日军死亡人员数以万计，主力几乎悉数就歼，五百余战舰几乎全部被毁。后朝廷评议军功时，特别评价“陈璘以舟师歼倭，功最”。陈璘在露梁海战中立下不朽战功，是其跃升抗倭名将和民族英雄的一座里程碑。露梁大捷让外敌此后三百年不敢觊觎中华，而朝鲜战后亦得以复国并获取二百年和平局面。

（4）平叛安邦。1600 至 1602 年平定播州、湖广省皮林和贵州叛乱。1600 年，播州杨应龙叛变。为了解决播州问题，陈璘等将听从朝廷调拨，率部东征，日夜兼程，赶往播州，平定叛乱。1601 年湖广省皮林（今湖南城步县）苗又举事，陈璘又率兵由五开卫出发，以征播之师讨之。1602 年，陈璘平定贵州罗海、偏坡反叛之众，贵州事平。这一系列平叛之战，有力促进了明朝西南疆域的地方安定、经济发展和社会进步。其中播州之役，陈璘率部攻必克、战必胜，战绩突出，史书有载“自用兵以来，有胜无败”“其征剿前后首功共一百万五百有奇，不矜不伐，有德有猷，真可谓大将矣”。陈璘军事地位也就此上升到一个新高度，俨然定国安邦的“柱石”之将。

3. 陈璘文化的传承载体

（1）史料。现存的各种史料均是陈璘文化的传承载体。

（2）遗迹。一是祠庙，纪念陈璘的祠庙遍及三罗地区及其活动过的地方，远在今天的韩国，都建有纪念陈璘的祠庙。仅云浮，纪念陈璘的庙宇祠堂（含遗址）就有十多处，如南乡陈璘宗祠、富林陈太保庙、高村张陈二爷庙、云城陈太保庙、罗定陈太保庙等；二是军事遗址，如西江猪乸嘴古军港、南乡千户所遗址、白梅千户所遗址、富林千户所遗址、高村所遗址、南澳总兵府等；三是其他遗迹，如陈璘陂、陈璘井、五爷山、魁岩石刻、七星岩石刻、止戈岩石刻、《南澳山种树记》碑、《罗旁善后功绩碑记》碑等。

（3）著作。陈璘流传下来的著作，从目前收集到的情况来看，可以说少之又少，主要有诗 7 首，散文 2 篇，揭报 3 篇。遗憾的是，至今没有发现其关于军事方面的著作传世。

（4）传说。据了解，陈璘传说流传比较多的有三个来源出处：其一是陈璘的发迹地三罗地区；其二是陈璘的出生地翁源县；其三是陈璘军事活动过的地方。在云浮，民间老百姓口耳相传的传说、故事就有上百个。近几年，经过文史工作者、文学爱好者的努力，大部分都整理记录出来，形成《陈璘传说》等文字书稿。陈璘传说于 2012 年被列入省级非物质文化遗产名录。

（5）俚语。三罗地区流传有许多与陈璘有关的熟语，如陈璘咁大功劳、陈连州打倭鬼——尽此一煲、叔叔坐月子——没有的事、广东人皮——漏水等。

（6）风物习俗。三罗地区流传有许多与陈璘有关的特产，如擂茶粥、茶洞豆腐、天所茶、“牛嘴络”等；也流传有许多相关的风俗习惯，如高村霜降节、六月六牛神灶、太保庙炮会、王疆庙炮会、禁打五更等。今贵州余庆县的钱杆舞，相传为陈璘率部在余庆休整时传至民间。

二、陈璘文化的现代资源价值

陈璘文化是云浮珍贵的历史沉淀，可以从中提取可供开发利用的现代价值。经初步探索和整理分析，目前，陈璘文化的教育资源价值、旅游资源价值两方面的开发前景很值得期待。

（一）陈璘文化教育资源价值

陈璘在平叛息乱、安邦安民、援朝抗倭等事迹中展现的精神特质，是陈璘文化的精华所在，具备显著的教育力量。具体体现在国家至上、援朝抗倭的爱国主义精神；一生从戎、舍生忘死的英勇无畏精神；为民请命、造福一方的为民服务精神；能上能下、厚积薄发的坚忍守道精神；不矜不伐、不计得失的谦逊不功品格；知人善用、广纳贤才的用人意识；尊儒办学、以文化人的教育意识；带头落籍东安、促进民族融合的统战意识；广播农耕文化，兴水利、造良田的兴农意识；发动植树造林，功当代、利千秋的兴林意识；讨山贼惩恶霸，保稳定、赢民心的维稳意识等方面。笔者认为，陈璘文化本身就是一种教育力量，在云浮形成了特定的文化环境、文化氛围，对当地民众产生潜移默化的教育作用。陈璘文化以其特有的方式影响着云浮人民，对教育活动起着无形而又强大的影响作用。我们在云浮文化强市建设中，要注重提炼融入本地百姓生活肌理的陈璘文化，从中发掘可供现代公民教育开发利用的好素材，发掘可供现代社会管理借鉴使用的好理念和好事例。

（二）陈璘文化旅游资源价值

云浮作为陈璘活动的主要地方之一，留下了不少值得开发的历史遗迹和印记，主要有龙崖陈公祠等省级文保单位，有陈璘军营遗址、陈太保庙、马塘庙、止戈岩（山）等历史遗迹，有陈璘牌匾、陈璘碑、陈璘井、五爷山、魁岩石刻、七星岩石刻、罗旁善后功绩碑等文物资料，有陈璘传说、玲珑子母灯、马塘庙会、龙须席等非物质文化遗产，有云利醮会、太保庙炮会、王疆庙炮会、鱼花节、霜降节等异彩纷呈的民俗文化，以及天所茶、茶洞豆腐、擂茶粥等陈璘文化相关农副产品。笔者认为，可融合云浮现存的陈璘历史足迹点及相关旅游资源，串联沿线的陈璘文化资源，形成一条陈璘足迹文化游径，开发一批陈璘文化旅游产品。可通过升级改造龙崖陈公祠并申报国家级文保单位，修复修缮陈璘军营遗址、陈太保庙、止戈岩（山）等历史遗迹，提升历史文旅景点品质；探索“旅游+非遗”“旅游+民俗”“旅游+乡村”新业态，促进云利醮会、马塘庙会、太保庙炮会、鱼花节等非遗或特色民俗节庆与乡村旅游融合发展，开发天所茶、茶洞豆腐、擂茶粥等特色农副产品，提升乡村民俗文化旅游体验；还可以进一步依托云浮山水优势资源，联合打造云雾山、大金山风景区和西江景观带，实现“山水联动”，形成“两山一水”旅游区，大力构建云浮自然生态旅游新格局。

三、陈璘文化现代价值开发的思考

当前，围绕建设文化强省的发展战略，云浮应把陈璘文化现代价值的开发利用作为文化强市的一项重要内容来抓。以下从陈璘文化教育资源价值、旅游资源价值两方面的开发利用提出一些建议。

（一）陈璘文化教育资源的开发利用

1. 编纂陈璘文化系列丛书

编纂出版《陈璘史实与传说》《抗倭英雄陈璘》《陈璘传奇》等陈璘文化系列丛书，主要包括献策从戎驱匪平乱、置州设县罗旁善后、统领水师抗倭援朝、征讨播酋绩在边疆、名垂岭南威加海外等重要内容，把陈璘生活的时代轮廓勾画出来，把他一生所建立的事功，他的形象和风采、思想和情操，如实地、真切地描绘表述出来，并对这一彪炳史册的历史人物做出正确和公允的评价。重点挖掘陈璘敢闯敢拼、英勇善战、爱国报国等精神内涵，将其作为宝贵的精神财富和优秀的传统文化来大力保护、传承和弘扬，并加以提升、注入新的教育意义。

2. 发展陈璘影视文化产业

以陈璘文化为核心，推出优质的影视、曲艺、舞台剧等影视文化作品，主要展现陈璘文化精神力量、传播抗倭援朝英雄事迹、激发爱国主义情怀、活化陈璘文化教育资源。一是大胆探索具有陈璘时代特征的舞台艺术，如排演健康活泼、积极向上的钱杆舞、牛神舞等舞蹈，使以明朝为背景的古代民间舞蹈重放光彩；二是大力发掘山歌文化资源和粤曲文化资源，创作一批与陈璘文化有关的曲艺精品；三是拍摄《陈璘的足迹》电视系列宣传片，深入挖掘各地的文物遗存，丰富陈璘文化的内涵；四是创作《露梁海战》《善后三罗》《陈璘传奇》《太保庙炮会》等主题影视剧、舞台剧和动漫作品。

3. 开展陈璘文化教育活动

开展“陈璘文化大讲堂”“陈璘文化图片展”等活动进机关、进学校、进社区、进农村，用精讲面授、图文并茂等方式，展示、讲述与歌颂陈璘将军少怀大志、聪慧过人、为民请命、为民造福的传说、故事和英雄事迹，让更多的人走近陈璘、了解陈璘，让陈璘精神得到进一步传承和弘扬。推进省级非遗项目《陈璘传说》进校园活动，走进全市各中小学幼儿园，积极倡议牢记历史、不忘英雄，进一步弘扬优秀传统文化、弘扬爱国精神，培养学生的家国情怀。

4. 开展陈璘文化交流活动

坚持拉紧中韩民间交流的重要纽带，用好用活中韩相关的陈璘历史传说与后裔资源，做足做大陈璘文化民间交流的文章，举办“寻找陈璘抗倭足迹”等文化交流活动，重走当年陈璘抗倭所到之处，深入挖掘当地的文物遗存，丰富陈璘文化的内容等。串联起有关陈璘的生平事迹、历史遗迹的旅游路线，让韩国友人来中国，中国人到韩国，更进一步传播、推广和弘扬陈璘文化。采取“走出去、请进来”模式，注重加强中韩陈璘文化的学术交流合作，进一步邀请省内外乃至国内外专家学者到云浮开展陈璘文化及相关民俗文化田野调查，做大做强做实陈璘文化研究成果，使陈璘文化成为云浮，乃至广东的文化品牌和名片，在文化教育发展中发挥更大的作用。

（二）陈璘文化旅游资源的开发利用

规划打造陈璘文化主题“一园二区三馆四品”，系统建设南江民俗文化展示基地、爱国主义教育基地、军事教育基地、社会科学普及基地、影视摄影基地等。“一园”是指规划建设陈璘文化主题公园；“二区”是指规划建设云雾山和大金山陈璘文化主题园区；“三馆”是指建设陈璘文化纪念馆、陈璘史迹馆和露梁海战展示馆；“四品”是指发掘和打造陈璘文化相关云石工艺品、旅游纪念品、主题邮票邮品、特色农副产品。

1. 一园：陈璘文化主题公园

打造以陈璘文化为主题的民俗风情特色主题公园，除了做好公园的基础建设工作及配套的餐饮酒店、娱乐设施等项目外，重点开发保护云安六都镇龙崖陈公祠及周边的历史遗迹，并以生态绿道建设为载体，将南乡守御千户所城遗址、练兵岗、军营遗址、衣冠冢、古民居等遗迹“串点成线、连线成面”，组成陈璘文化主题公园，为进一步做大做强陈璘文化打下基础。突出宣传与陈璘文化有关的霜降节、王疆庙炮会、太保庙炮会、鱼花节等沿古至今的民俗文化，在园区内打造系列民俗文化遗产宣传园地，不仅要发掘还原文化遗产历史面目，更要揉入社会主义核心价值观，继承和发展民俗活动的文化承载力，把它们打造成为具有地方特色和强大生命力的民俗文化旅游项目。

2. 二区：云雾山和大金山陈璘文化主题园区

云浮地区主要有两条山脉带，云雾山和大金山。两条山脉本土代表性旅游资源丰富，有让人流连忘返的山林美景、乡野风光，有积淀深厚的民俗文化、古迹名胜，也是陈璘剿山匪的古战场遗址所在地。旅游资源全面、丰富、多元，具备实现文化旅游融合发展的得天独厚的条件。目前，已建成云雾山漂流度假园区，稳步推进大金山旅游度假区建设。建议在两个度假区建设基础上，划定区域开发成陈璘剿匪主题乐园、将军实战训练场等活动拓展、爱国教育主题园区，让游客参与互动、乐在其中，切身感受陈璘剿匪的魄力、作战的谋略与指挥的艺术。

3. 三馆：陈璘文化纪念馆、陈璘史迹馆和露梁海战展示馆

修复或复制陈璘雕塑、牌匾、碑刻、对联等已毁文物，向海内外广泛征集与陈璘文化相关的历史文献、历史文物，进一步完善陈璘的生平资料，为建设陈璘文化纪念馆、陈璘史迹馆、露梁海战展示馆积累丰富的馆藏资料、文物资源，并积极申报省级乃至国家级文物保护单位。借助陈璘文物和史迹进一步强化文化设施整体设计布局和升级改造，打造陈璘文化纪念馆、陈璘史迹馆、露梁海战展示馆。陈璘文化纪念馆选址可在六都南乡龙崖陈公祠所在地，同时将陈璘史迹馆、露梁海战展示馆“一体串联”纳入新升级重改造项目，形成互相关联、互为支撑、互成体系的“三馆一体”格局。

4. 四品：云石工艺品、旅游纪念品、主题邮票邮品、特色农副产品

重点发掘与打造陈璘文化有关的系列工艺品、纪念品、邮票邮品和农副产品，丰富旅游产业结构。一是云石工艺品。结合云浮特色工艺——云石工艺，利用玉石石料、普通石料等区分高中低档次，创作开发与陈璘文化有关的云浮特色石材工艺品，如桃木神剑、御倭神炮、龙船、平安扣等。二是旅游纪念品。制作体现本土特色、民族传统、风土人情的旅游纪念品，如手帕、毛巾、钱包、手提袋、文具、竹木石制品小摆件等。三是主题邮票邮品。统筹文化、旅游、邮政等有关部门资源，制作陈璘文化主题邮票，如抗倭援朝、露梁海战等历史主题，陈公祠、古民居等遗迹主题，《陈璘题诗》《陈璘鞭山》《陈璘赶石》等民间传说主题，或制作具有收藏价值的首日封、明信片，纯金银、镀金银的邮品等。四是乡土农副产品。开发与陈璘文化及衍生的民俗文化有关的乡土农副产品，如天所茶、五加皮茶、擂茶粥、茶洞豆腐、托洞腐竹、狗爪豆、黄狗头、白菜干、金樱子、桃金娘等。

参考文献：

[1] 明实录：穆宗、神宗、熹宗卷 [M].

[2] 张廷玉等 . 明史 [M]. 北京：中华书局，1974.

[3] 诸葛元声 . 两朝平攘录 [M]. 北京：书目文献出版社，1980.

[4] 川口长孺 . 征韩伟略 [M]. 北京：全国图书馆文献缩微复制中心，1990.

[5] 李化龙 . 平播全书 [M]. 上海：商务印书馆，1937.

[6] 张其善 . 东安县志 [M].1672.

[7] 云浮县地方志编纂委员会 . 云浮县志 [M]. 广州：广东人民出版社，1995.

[8] 肇庆市地方志编纂委员会 . 肇庆市志 [M]. 广州：广东人民出版社，1999.

[9] 涂泽寰 . 抗倭名将陈璘 [M]. 广州：新世纪出版社，1994.

[10] 陈芳斌 . 陈璘史实与传说 [M]. 北京：中国戏剧出版社，2005.

[11] 黄学佳 . 抗倭英雄陈璘 [M]. 广州：广东人民出版社，2010.

[12] 政协云安县委员会学习和文史资料委员会 . 云安文史：第 5、6 辑 [M]. 云浮：政协云安县委员会学习和文史资料委员会，2007.

[13] 中国人民政治协商会议肇庆市端州区委员会文史资料委员会 . 端州文史：第 11 辑 [M]. 肇庆：中国人民政治协商会议肇庆市端州区委员会文史资料委员会，2001.

附录：各媒体对陈璘文化交流会的宣传报道

★ 中国新闻网

陈璘文化交流会在云浮云安举办

http://www.gd.chinanews.com　2019年10月28日 17:22　来源：中新网广东

研讨会现场。刘烁 摄

开幕式。林颢 摄

陈璘文化交流会日前在云浮市云安区举办。广东省内外众多著名专家学者，陈璘在韩国、中国的后裔和相关机构人员300多人出席了开幕式。

交流会现场，来自于中山大学、广州大学、暨南大学、华南师范大学、华南农业大学等高校的十多名专家学者，以及来自广东省珠江文化研究会、云安区陈璘文化研究协会的成员，深入研讨陈璘的历史评价与精神文化，充分肯定了陈璘的历史功绩及精神文化价值，并就如何推动陈璘文化深入发展、如何充分利用这张文化名片提升云浮、云安文化软实力进行了交流发言。

与会者认为，陈璘一生功勋卓著，从早期在广东沿海一带驱倭平乱到晚年入朝抗倭，其历史功绩对当代中国建设海洋强国、推动一带一路建设、开展爱国主义教育，以及增进中朝两国人民的友谊等均有重要的历史意义和现实意义。

广州大学教授，珠江文化研究会会长王元林称，中韩两国留有大量的陈璘历史文化涉及到的物质文化遗产(史料、史迹、文物)、非物质文化遗产，涵盖地域涉及中韩，深入研究挖掘陈璘文化、擦亮陈璘品牌，对于深化和丰富云浮文化底蕴，激励民众和青少年一代坚定文化自信，守正创新，以爱国之心，提升云安走文化强区道路的自觉性，推动云安文化旅游事业新发展意义深远。

当天，部分与会人员还参观了位于云安区六都镇的龙崖陈公祠(露梁海战馆)以及陈璘史迹展馆。(索有为 胡碟)

★ 南方日报

南方日报 高度决定影响力

2019年10月28日 星期一　返回头版　版面导航　标题导航　往期报纸　下载南方+

第A16版：专题

深挖陈璘精神富矿 擦亮云浮文化名片

陈璘文化交流会在云浮云安召开

2019-10-28　我有话说（0人参与）

云安区陈璘文化交流会开幕式现场。刘栎 摄

在云安的历史上，缺不得"陈璘"二字。400多年前，明军将领陈璘以忠义勇烈立下了"开拓第一功"，创造了云安历史上社会经济发展的不朽功绩。400多年来，"陈璘咁大功劳"一直流传至今，已成为家喻户晓的口头禅。

10月25日，陈璘文化交流会在云浮云安召开，来自广东、广西、云南等省区高校，珠江文化研究会以及云安区陈璘文化研究协会的数十位专家学者，就深入研究陈璘历史评价与精神文化进行了交流探讨。交流会期间，众多专家学者、韩国莞岛郡政府、陈璘在韩国和中国的后裔以及相关机构人员等共300多人出席会议。

讲故事

璘有三功载青史

《明史》有载"论功，璘为首"，明万历帝御匾"开拓第一功"，赐联"辟土开疆功盖古今第一人，出将入相才兼文武世无双"等盖棺定论的历史评价早已能凸显出陈璘战功卓著，战绩彪炳。

陈璘一生历经嘉靖、隆庆、万历三朝，正是广东倭患最为严重、社会最为动荡的时期。面对倭寇的野蛮行径，陈璘义愤填膺，立志抗倭驱寇，保卫家园。陈璘不仅胸有大志、体魄强健，而且精通武艺、深谙兵法，是一位文武双全的将才，他驰骋疆场长达40余年，参加过数十次驱倭平乱战役，战功赫赫，堪称一代名将。

平定匪患，落籍东安（云安）。在广东沿海一带14年的抗倭平乱战斗中，陈璘几乎参加了广东境内所有大规模的驱倭平乱战役，其统领的水军英勇善战，在广东屡立战功，被载入史册。而后，他奉旨落籍东安，为当地社会稳定、经济发展起到了开拓者的作用，"疆里贴然，井落成聚"便是对陈璘治理东安政务的最好评价。

抗倭援朝，名垂中韩。万历朝鲜战争期间，陈璘为水师提督，率兵援朝。初战折之岛告捷，中朝水师收复竹岛、鹿岛；再战露梁海海战，中朝取得决定性胜利，陈璘论功第一，从此确定了300年东亚海疆和平格局。

平播定黔，维护统一。播州之役为陈璘军事生涯之巅峰：在此战中，陈璘身先士卒，多次在明军处于被动时，带领士兵勇猛作战扭转局势，为最终平定杨应龙之乱、促进西南地区稳定发展奠定基础。

话发展

陈璘文化树品牌

循着历史足迹，云安对陈璘文化的开发最早可以追溯到上世纪90年代。

在当时，政府部门和民间组织已开始重视陈璘文化的发掘与传承，着力收集整理史实，积极打造陈璘文化品牌。尤其是近几年来，云浮市委、市政府重视陈璘文化的保护规划和开发利用，云安区委区政府也加大了人力和财力投入，做了大量工作：2009年建成陈璘史迹展览馆、2016年建成"露梁海战"展示馆、2012年申报"陈璘传说"成为第四批省级非遗名录、2015年申报龙塘陈公祠和陈璘军营遗址成为第八批省级文物保护单位……

现今，云安以更加自觉、更加主动的姿态推动陈璘文化的传承与发展，开展了一系列有创新、有成效的工作。文化品牌挖掘工作越来越深入，《陈璘传奇》《陈璘史实与传说》《抗倭英雄陈璘》三本书已成功出版，成为了解陈璘历史的重要读物，央视和韩国KBS共同摄制的大型纪录片《万历朝鲜战争》在科教频道播出，《陈璘将军》粤剧创作工作稳步推进。文化交流互动越来越频繁。2015年7月，云安陈璘文化的专家、学者以及陈璘的后人成立了"云浮市云安区陈璘文化研究协会""广东省珠江文化研究会陈璘文化专业委员会"，近4年来每年多批次接待慕名而来参观的韩国政府人员、教授学者和民间团体，推动了陈璘文化海内外的交流，文化创意产业不断延伸。以"陈璘古驿道"为代表的文旅让融合产业正加快推进，陈璘文化迎来了新的发展机遇。

■共研讨

英雄力量铸脊梁

陈璘的一生有许多光辉亮点，这些光辉亮点也是具有重大的历史和当代意义的光辉亮点。因此，对于其创造的海洋文化中和邻国共抗侵略与传统友谊的历史经验和启示、海战与海防的历史经验和启示、民族文化与地方文化中对撞交融及从乱而治的历史经验和启示、武将文化与民俗文化中的韬略风范和精神遗产等更当格外关注。

——广东省珠江文化研究会创会会长、中山大学中文系教授黄伟宗

着力打造好陈璘文化的特色品牌，就是整合广东乃至中国相关的陈璘历史文化遗迹，与韩国全罗南道、庆尚南道各郡、市，政府层面共同打造中韩友谊的文化高地。利用中韩相关的陈璘历史传说与后裔，做足做大民间陈璘文化交流的文章。串联起有关陈璘的生平事迹、历史遗迹的旅游路线，让韩国友人来中国，中国人到韩国，更进一步了解陈璘的丰功伟绩。通过摄影、绘画、动漫、影视以及纪录片和网络媒体等，展开陈璘文化的宣传。

——广东省珠江文化研究会会长、广州大学教授、博导王元林

万历年间陈璘在平定当地瑶乱基础上，奏请朝廷设置罗定直隶州、东安（云浮）、西宁（郁南）县，后称三罗，奠定了南江流域发展的政治基础。继推行修筑城池，调整驻防兵力，开辟道路，移民、屯田、兴学等政策和措施，安定社会，医治动乱创伤，发展经济，改善民生和社会风气，为三罗建设作出了重大贡献，值得肯定和讴歌。

——中山大学教授司徒尚纪

要高度重视打造"陈璘文化"的工作；建立健全党委领导、政府负责、部门协同、社会参与的工作格局；深化宣传教育工作，树立社会主义核心价值观；加强民间对外交流合作，讲好云浮故事，不断增强文化软实力。

——广东省人民政府特聘参事侯月祥

《明史·陈璘传》一方面给予陈璘极高评价，而另一方面又指摘陈璘在三个阶段中均有失操守，这是面有修史者的官方意图：把陈璘军旅生涯中的缺点放大，给后人留下一个贪渎将军的恶名。但瑕不掩瑜，陈璘仍是明朝最杰出的军事家之一、中华民族的民族英雄。

——华南师范大学教授颜广文

我们通过方志记载，大致可以了解清代粤西地区祭拜陈璘的庙宇分布情况：一是专祠，即以祭拜陈璘为主的庙宇；二是附祀在其他神庙中。站在粤西地区百姓的立场看，陈璘对地区社会稳定、经济发展的贡献，至今仍惠及这一地区的人民，而地方官民对他的报答就是世世代代建立陈太保祠专门祭拜他，或附祀在其他神庙中祭祀。

——暨南大学古籍文化研究所所长、教授、博导刘正刚

着眼于陈璘的军事生涯，从其较为重要的历次军事行动中探析陈璘的功绩，主要包括：自强不息的奋斗精神：从平民出身到朝中重臣；保家卫国的战斗精神：东征西战去平乱；捍卫和平的正义精神：援朝抗倭、沉着指挥；维护国家统一的爱国主义精神：西南平叛；足智多谋及务实精神：务实为政、安邦定国。

——华南农业大学教授衷海燕

陈璘戎马一生所积累的丰富抗倭平乱及海战经验，在军事上具有重要的参考价值和实践意义；他身上具有中华优秀儿女的许多优良品质值得后人学习和发扬光大；他将中国传统文化传播至朝鲜，为两国文化交流做出了积极贡献；陈璘抗倭援朝的精神在300多年后的中国抗日战争中极大地鼓舞了中国军队的士气，激励着中国人民英勇抗击日本侵略军，保家卫国。

——中共广东省委党校中国特色社会主义研究所许桂灵

陈璘最大的战绩是在朝鲜抗击倭寇的战斗，将陈璘放在中日军事史上，其地位是重要的，我认为可与抗倭名将戚继光相比。云浮市云安区可以利用这一文化资源，将陈璘和云浮历史上其他抗战人物一起，建设一个"陈璘博物馆"或"陈璘与中日战争史博物馆"。

——华南农业大学教授吴建新

我们要发挥陈璘文化资源优势，让陈璘文化创造性转化与创新性发展，可以走时代化路径；走大众化路径；走世界化路径，通过互联网、人工智能技术等现代科学技术全面讲述陈璘文化故事，传播陈璘文化正能量。

——广东农工商职业技术学院副教授郑辉

撰文：雷贤辉 胡楳

★ 南方新闻网

深挖陈璘精神富矿 擦亮云浮文化名片

南方新闻网

发布时间：19-10-28 10:18 南方新闻网官方帐号

云安区陈璘文化交流会开幕式现场。刘烁 摄

在云安的历史上，缺不得"陈璘"二字。400多年前，明军将领陈璘以忠义勇烈立下了"开拓第一功"，创造了云安历史上社会经济发展的不朽功绩。400多年来，"陈璘咁大功劳"一直流传至今，已成为家喻户晓的口头禅。

10月25日，陈璘文化交流会在云浮云安召开，来自广东、广西、云南等省区高校，珠江文化研究会以及云安区陈璘文化研究协会的数十位专家学者，就深入研究陈璘历史评价与精神文化进行了交流探讨。交流会期间，众多专家学者、韩国莞岛郡政府、陈璘在韩国和中国的后裔以及相关机构人员等共300多人出席会议。

★ 广东文化网

陈璘文化交流会在云浮云安召开推动提升文化软实力

浏览量：13754 广东文化网 时间：2019-10-26 来源：南方新闻网

编者按：陈璘文化交流会在云浮市云安区召开。

10月25日，陈璘文化交流会在云浮市云安区召开。来自中山大学、广州大学、暨南大学、华南师范大学、华南农业大学等高校的专家学者，以及来自广东省珠江文化研究会、云安区陈璘文化研究协会的成员，深入研讨陈璘的历史评价与精神文化，充分肯定了陈璘的历史功绩及精神文化价值，并就如何推动陈璘文化深入发展、如何充分利用这张文化名片提升云浮、云安文化软实力进行了交流发言。

★ 大洋网

dayoo 大洋网 新闻 news.dayoo.com

您的位置：广州日报大洋网首页 > 新闻频道 > 融媒体栏目N > 广东 > 正文

陈璘文化交流会在云浮举行

2019-10-25 20:08 来源:大洋网 分享

10月25日，陈璘文化交流会在云浮市云安区举行。广东省内外众多著名专家学者，陈璘在韩国、中国的后裔和相关机构人员300多人出席了活动开幕式。

开幕式上，云浮市委常委、宣传部部长郭亦乐对专家学者及韩国陈璘后裔的到来表示欢迎，对开展好此次交流会寄予厚望，期许借此次交流会契机进一步推动陈璘文化的挖掘与传承。

在陈璘历史评价与精神文化交流研讨会上，来自中山大学、暨南大学、华南师范大学、华南农业大学、广州大学等高校的十多名专家学者，以及来自广东省珠江文化研究会、云安区陈璘文化研究协会的成员，深入研讨陈璘的历史评价与精神文化，充分肯定了陈璘的历史功绩及精神文化价值，并就如何推动陈璘文化深入发展、如何充分利用这张文化名片提升云浮、云安文化软实力进行了交流发言。

与会者认为，明代著名将领陈璘一生功勋卓著，从早期在广东沿海一带驱倭平乱到晚年率领水军进入朝鲜半岛抗倭，其历史功绩对当代我国建设海洋强国、推动一带一路建设、开展爱国主义教育，以及增进中国与朝鲜半岛人民的友谊等均有重要的历史意义和现实意义。

广州大学教授、珠江文化研究会会长王元林指出，中韩两国留有大量的陈璘历史文化涉及的物质文化遗产（史料、史迹、文物）、非物质文化遗产，涵盖地域涉及中韩，深入研究挖掘陈璘文化、擦亮陈璘品牌，对于深化和丰富云浮文化底蕴，激励广大人民群众和青少年一代坚定文化自信，守正创新，以爱国之心提升云安走文化强区道路的自觉性，推动云安文化旅游事业发展意义深远。

当天，部分与会人员还参观了位于云安区六都镇的龙塵陈公祠（露梁海战馆）以及陈璘史迹展馆。

广州日报全媒体文字记者：于敢勇 通讯员： 卓超明、胡碟、羽焕新

广州日报全媒体图片记者：于敢勇

广州日报全媒体编辑：杨洪权

[编辑：gzck]

★ 云浮新闻网

云浮新闻网

云浮发布 云浮日报 云浮报米花

设为首页 | 加入收藏 | 数字报 | 注册 登录

请输入关键字 搜索

新闻 政务 民生 文化 旅游 美食 财经 石材 汽车 悦读

视频 专题 图片 教育 娱乐 养生 公益 体育 房产 其他

云浮全新媒体平台 云浮新闻网 www.yunfudaily.cn

首页 > 新闻 > 云浮

郭亦乐在“陈璘文化交流会”上强调 科学开发历史文化 助力云浮事业发展

2019-10-28 16:01 云浮日报 莫颖琳 A⁺ A⁻

摘要：研讨会上，来自于中山大学、广州大学、暨南大学、华南师范大学、华南农业大学等高校的10多名专家学者，以及来自广东省珠江文化研究会、云安区陈璘文化研究协会的成员，深入研讨陈璘的历史评价与精神文化，充分肯定了陈璘的历史功绩及精神文化价值，并就如何推动陈璘文化深入发展、如何充分利...

云浮日报讯（记者 杨丽 刘烁 通讯员 胡骥）10月25日，由市委宣传部指导，云安区委、区政府和广东省珠江文化研究会联合主办的“陈璘文化交流会”在云安区举办。市委常委、宣传部部长郭亦乐参加活动。

郭亦乐表示，400多年前，陈璘南征北战留下赫赫功绩，也架起了中韩之间友好往来的桥梁。在云安，保留至今的历史遗迹、流传百年的佳话传说形成了今天独特的陈璘文化。她强调，要正确对待、科学开发名人陈璘的历史文化，加强顶层设计，组织实施陈璘名人文化传承创新工程，做好“文化+”开发，着力推进“文化+旅游”、“文化+科技”、“文化+产品”等多种模式，进一步擦亮“陈璘文化”这张名片，把跨越时空、超越国度、具有当代价值的优秀文化精神开发出来、弘扬开去，助力云浮文化事业和产业发展。

研讨会上，来自于中山大学、广州大学、暨南大学、华南师范大学、华南农业大学等高校的10多名专家学者，以及来自广东省珠江文化研究会、云安区陈璘文化研究协会的成员，深入研讨陈璘的历史评价与精神文化，充分肯定了陈璘的历史功绩及精神文化价值，并就如何推动陈璘文化深入发展、如何充分利用这张文化名片提升云浮、云安文化软实力进行了交流发言。活动中，部分与会人员还参观了位于云安区六都镇的龙塘陈公祠（露梁海战馆）以及陈璘史迹展馆。

责任编辑：莫颖琳

推荐新闻

云浮市召开专项工作会议 预防青少年违法犯

云浮市国资委抢抓机遇“搭车融湾” 借力发展 谋求共赢

王衍诗到云浮市开展水污染防治调研

黄汉标主持召开云浮市委常委会会议认真传达

郁南推进基层党建工作 打造叫得响拿得出 推

郭亦乐主持召开守法普法协调小组第一次会议

云浮市召开专项工作部署会议 推进高速公路E

云浮海事局加强辖区船舶安检 确保水上交通

莫把风景湖当自家“鱼池”

摄影书画家相聚南江第一湾景区 观赏生态风

★ 云浮日报

2019年10月28日 星期一 出版 上一期 下一期 返回首页 | 版面概览 | 版面导航 | 标题导航

郭亦乐在“陈璘文化交流会”上强调

科学开发历史文化 助力云浮事业发展

本报讯（记者 杨丽 刘烁 通讯员 胡臻）10月25日，由市委宣传部指导，云安区委、区政府和广东省珠江文化研究会联合主办的“陈璘文化交流会”在云安区举办。市委常委、宣传部部长郭亦乐参加活动。

郭亦乐表示，400多年前，陈璘南征北战留下赫赫功绩，也架起了中韩之间友好往来的桥梁。在云安，保留至今的历史遗迹、流传百年的佳话传说形成了今天独特的陈璘文化。她强调，要正确对待、科学开发名人陈璘的历史文化，加强顶层设计，组织实施陈璘名人文化传承创新工程，做好“文化+”开发，着力推进“文化+旅游”、“文化+科技”、“文化+产品”等多种模式，进一步擦亮“陈璘文化”这张名片，把跨越时空、超越国度、具有当代价值的优秀文化精神开发出来、弘扬开去，助力云浮文化事业和产业发展。

研讨会上，来自于中山大学、广州大学、暨南大学、华南师范大学、华南农业大学等高校的10多名专家学者，以及来自广东省珠江文化研究会、云安区陈璘文化研究协会的成员，深入研讨陈璘的历史评价与精神文化，充分肯定了陈璘的历史功绩及精神文化价值，并就如何推动陈璘文化深入发展、如何充分利用这张文化名片提升云浮、云安文化软实力进行了交流发言。活动中，部分与会人员还参观了位于云安区六都镇的龙崖陈公祠（露梁海战馆）以及陈璘史迹展馆。

★ 云浮市人民政府网

当前位置：首页 > 云浮市人民政府门户网站 > 政务公开 > 基础信息公开 > 资讯中心 > 政务新闻 > 正文

郭亦乐在“陈璘文化交流会”上强调 科学开发历史文化 助力云浮事业发展

时间：2019-10-28 09:18 来源：云浮日报 浏览：94次

本报讯（记者 杨丽 刘烁 通讯员 胡臻）10月25日，由市委宣传部指导，云安区委、区政府和广东省珠江文化研究会联合主办的“陈璘文化交流会”在云安区举办。市委常委、宣传部部长郭亦乐参加活动。

郭亦乐表示，400多年前，陈璘南征北战留下赫赫功绩，也架起了中韩之间友好往来的桥梁。在云安，保留至今的历史遗迹、流传百年的佳话传说形成了今天独特的陈璘文化。她强调，要正确对待、科学开发名人陈璘的历史文化，加强顶层设计，组织实施陈璘名人文化传承创新工程，做好“文化+”开发，着力推进“文化+旅游”、“文化+科技”、“文化+产品”等多种模式，进一步擦亮“陈璘文化”这张名片，把跨越时空、超越国度、具有当代价值的优秀文化精神开发出来、弘扬开去，助力云浮文化事业和产业发展。

研讨会上，来自于中山大学、广州大学、暨南大学、华南师范大学、华南农业大学等高校的10多名专家学者，以及来自广东省珠江文化研究会、云安区陈璘文化研究协会的成员，深入研讨陈璘的历史评价与精神文化，充分肯定了陈璘的历史功绩及精神文化价值，并就如何推动陈璘文化深入发展、如何充分利用这张文化名片提升云浮、云安文化软实力进行了交流发言。活动中，部分与会人员还参观了位于云安区六都镇的龙崖陈公祠（露梁海战馆）以及陈璘史迹展馆。

★ 云安电视公众号

今天，一批专家学者及韩国陈璘后裔到访云安，只为了这件事……

云安电视 关注

10月25日，陈璘文化交流会在云浮市云安区召开。广东省内外众多著名专家学者，陈璘在韩国、中国的后裔和相关机构人员300多人出席了开幕式。

交流会开幕式上，云浮市委常委、宣传部部长郭亦乐出席会议并对专家学者及韩国陈璘后裔的到来表示欢迎，对开展好此次交流会寄予了厚望，期许借此次交流会契机进一步推动陈璘文化的挖掘与传承。

在云浮名人陈璘历史评价与精神文化交流研讨会上，来自于中山大学、广州大学、暨南大学、华南师范大学、华南农业大学等高校的十多名专家学者，以及来自广东省珠江文化研究会、云安区陈璘文化研究协会的成员，深入研讨陈璘的历史评价与精神文化，充分肯定了陈璘的历史功绩及精神文化价值，并就如何推动陈璘文化深入发展、如何充分利用这张文化名片提升云浮、云安文化软实力进行了交流发言。

与会者认为，陈璘一生功勋卓著，从早期在广东沿海一带驱倭平乱到晚年入朝抗倭，其历史功绩对当代我国建设海洋强国、推动一带一路建设、开展爱国主义教育，以及促进中韩两国人民的友谊等均有重要的历史意义和现实意义。

广州大学教授、珠江文化研究会会长王元林指出，中韩两国留有大量的陈璘历史文化涉及到的物质文化遗产（史料、史迹、文物）、非物质文化遗产，涵盖地域涉及中韩，深入研究挖掘陈璘文化、擦亮陈璘品牌，对于深化和丰富云浮文化底蕴，激励广大人民群众和青少年一代坚定文化自信，守正创新，以爱国之心，提升云安走文化强区道路的自觉性，推动云安文化旅游事业新发展意义深远。

交流会上，韩国莞岛郡副郡守郑桷昊向云安区赠送了陈璘出兵抗倭地图和莞岛郡陈都督碑文，云安区向韩国莞岛郡回赠《中韩陈璘文化交流画册》，与会人员还观看了陈璘纪录片《铁血龙璘》预告片。

韩国莞岛郡副郡守郑桷昊、省珠江文化研究会会长王元林，云安区领导廖云、吴雄力、李晓玲等在家的四套班子和省内外众多专家学者参加交流会。

广东省珠江文化研究会会长王元林：我们今天在云安区召开的陈璘文化交流会，不管是从政府层面还是民间层面，对把陈璘文化打造成云浮的文化名片，起到很好的促进和推动作用。陈璘是我们云浮的名片，也是我们中韩交流的历史上的桥梁，希望云安用好这个名片，把云安的历史名人打造好，把陈璘文化研究推向深入。

当天，部分与会人员还到了云安区六都镇龙塘陈公祠（露梁海战馆）以及陈璘史迹展馆进行参观。

通讯员：胡媒

摄影：刘乐、林铭彰

责编：廖月秀

编审：郭焕新